Vaticano II
A luta pelo sentido

Coleção Revisitar o Concílio

Ad Gentes: texto e comentário
Estêvão Raschietti

Apostolicam Actuositatem: texto e comentário
Antonio José de Almeida

Dei Verbum
Geraldo Lopes

Gaudium et Spes: texto e comentário
Geraldo Lopes

Inter Mirifica: texto e comentário
Joana T. Puntel

Lumen Gentium: texto e comentário
Geraldo Lopes

Perfectae Caritatis: texto e comentário
Cleto Caliman

Presbyterorum Ordinis: texto e comentário
Manoel Godoy

Revisitar o Concílio Vaticano II
Dom Demétrio Valentini

Sacrosanctum Concilium: texto e comentário
Alberto Beckhäuser

Unitatis Redintegratio, Dignitatis Humanae, Nostra Aetate: textos e comentários
Elias Wolff

Vaticano II: a Igreja aposta no Amor Universal
Carlos Josaphat

Vaticano II: a luta pelo sentido
Massimo Faggioli

MASSIMO FAGGIOLI

Vaticano II
A luta pelo sentido

Apresentação: José Oscar Beozzo

Dados Internacionais de Catalogação na Publicação (CIP)
(Câmara Brasileira do Livro, SP, Brasil)

Faggioli, Massimo
    Vaticano II : a luta pelo sentido / Massimo Faggioli ;
apresentação José Oscar Beozzo ; tradutor Jaime A. Clasen. – São
Paulo : Paulinas, 2013. – (Coleção revisitar o Concílio)

    Título original: Vatican II : the battle for meaning.
    Bibliografia.
    ISBN 978-85-356-3524-9

    1. Concílio Vaticano (2. : 1962-1965) - História - Congressos
I. Beozzo, José Oscar. II. Título. III. Série.

13-04713   CDD-262.52

Índice para catálogo sistemático:

1. Concílio Vaticano 2º : Documentos   262.52
2. Concílio Vaticano 2º : História   262.52

Título original da obra: *Vaticano II – The Battle for Meaning*
© 2012 Massimo Faggioli

1ª edição – 2013

Direção-geral:
Bernadete Boff

Editores responsáveis:
Vera Ivanise Bombonatto
Antonio Francisco Lelo

Tradução:
Jaime A. Clasen

Copidesque:
Mônica Elaine G. S. da Costa

Coordenação de revisão:
Marina Mendonça

Revisão:
Sandra Sinzato

Gerente de produção:
Felício Calegaro Neto

Projeto gráfico:
Telma Custódio

Nenhuma parte desta obra poderá ser reproduzida ou transmitida
por qualquer forma e/ou quaisquer meios (eletrônico ou mecânico,
incluindo fotocópia e gravação) ou arquivada em qualquer sistema ou
banco de dados sem permissão escrita da Editora. Direitos reservados.

Paulinas

Rua Dona Inácia Uchoa, 62
04110-020 – São Paulo – SP (Brasil)
Tel.: (11) 2125-3500
http://www.paulinas.org.br – editora@paulinas.com.br
Telemarketing e SAC: 0800-7010081
© Pia Sociedade Filhas de São Paulo – São Paulo, 2013

Sumário

Apresentação 9

1. Uma breve história do debate sobre o Vaticano II 21

2. Questionando a legitimidade do Vaticano II 45

3. Vaticano II: além de Roma...68

4. A Igreja e o mundo: agostinianos e tomistas 102

5. O choque de narrativas 132

6. Macroquestões do debate sobre o Vaticano II 169

Epílogo 195

Bibliografia 202

Para nossa filha Laura.

Apresentação

E m seis breves e, ao mesmo tempo, densos capítulos, Massimo Faggioli percorre os cinquenta anos que medeiam entre a abertura do Concílio Vaticano II (1962) e o debate atual sobre seu significado para o presente e o para o futuro da Igreja.

Oferece uma síntese histórica da maior relevância, pela magnitude do evento conciliar (1962-1965), o mais significativo acontecimento religioso do século XX, e pela complexidade de sua recepção nos mais variados contextos culturais, sociais e políticos em todos os quadrantes do mundo.

O autor retraça no primeiro capítulo o debate já presente no seio do próprio concílio acerca do seu significado, alcance e peso pastoral e doutrinal de seus documentos. Aventura-se pelos anos em que o concílio foi reconhecido, acolhido, mas também rejeitado ou celebrado e, por fim, submetido criticamente ao crivo da história, até desembocar no período atual marcado pelo embate de diferentes narrativas e interpretações. Passaram-se, assim, das crônicas do evento, algumas delas prestigiosas, aos comentários dos documentos por parte de teólogos e padres conciliares, para desembocar na revisitação do evento, dos documentos e de sua recepção já em perspectiva histórica.

No segundo capítulo, escrutina a lógica e as razões dos grupos que, nos dois extremos do espectro ideológico, questionaram a legitimidade do Vaticano II: de um lado, entusiastas que se desencantaram com a lentidão das reformas ou com nítidos retrocessos que foram ocorrendo no tempo e, de outro, os tradicionalistas que desembocaram na cisão lefebvriana da Fraternidade São Pio X. No Brasil, a Fraternidade arrastou para o cisma o bispo emérito de Campos-RJ, Dom Antônio de Castro Mayer. Muitos dos seus seguidores, entretanto, retornaram ao grêmio da Igreja católica, em anos recentes, com a criação, em 2002, de uma circunscrição eclesiástica própria, de caráter pessoal, que deu guarida aos tradicionalistas: a Administração Apostólica São João Maria Vianney, com sede em Campos-RJ, regida atualmente pelo bispo Dom Fernando Arêas Rifan.

No terceiro capítulo, Faggioli aventura-se pelos desdobramentos do concílio para além de Roma e das próprias fronteiras da Igreja católica, por conta de seu impacto, via ecumenismo, nas demais Igrejas cristãs do antigo Oriente, da ortodoxia, da reforma protestante ou das correntes pentecostais e, por conta também, do diálogo estabelecido com o judaísmo, com as demais religiões e com os não crentes. Examina igualmente os desdobramentos teológicos internos com o afastamento dos teólogos integrantes da antiga "maioria" conciliar do corpo editorial da revista *Concilium*, para fundar nova revista teológica, *Communio*. Repassa a novidade da emergência de um pensamento teológico próprio na América Latina com a Teologia da Libertação; na América do Norte, com a teologia negra e a teologia feminista; na África, com o tema da inculturação e, na Ásia, com o do diálogo com as grandes religiões.

A relação da Igreja com o mundo ocupa o quarto capítulo, num instigante esforço para situar o atual debate na longa duração que opõe historicamente a perspectiva agostiniana e neoagostiniana à perspectiva tomista e neotomista. A primeira, de raiz neoplatônica, guarda visão pessimista acerca do mundo e da humanidade e acusa o concílio de ter sido indulgente e ingênuo em relação ao mundo atual e ao mal que nele impera, enquanto a segunda, de raiz aristotélica e tomista, mantém uma visão mais otimista sobre a criação, os seres humanos e sua história.

O capítulo quinto debruça-se sobre os anos que mediaram entre o Concílio Vaticano II e o Sínodo Extraordinário de 1985, convocado por João Paulo II, no vigésimo aniversário do encerramento do Sínodo e a conclusão, em 2005, do grande empreendimento de se escrever uma história crítica do concílio, levado adiante por Giuseppe Alberigo à frente do Istituto per le Scienze Religiose de Bologna. A história contou com a colaboração de equipes de pesquisadores nos vários continentes. Do estudo, emergiu uma visão mais complexa do evento conciliar, das correntes que o plasmaram e do entrecruzamento das contribuições internas e externas, para a tessitura dos documentos e de sua primeira recepção. A historização do evento conciliar provocou um choque com outras narrativas que foram se construindo sem o mesmo rigor e abrangência e sem o mesmo recurso à variedade de fontes: da documentação oficial aos arquivos privados, dos diários às anotações de padres e peritos conciliares, que vêm sendo lentamente publicados ou abertos à pesquisa.

O capítulo pontua os embates mais emblemáticos no campo eclesiológico, como o deslocamento da ênfase na definição da Igreja como "Povo de Deus" para a da Igreja como *communio*; a tendência ao esvaziamento da colegialidade episcopal e ao apequenamento do papel e autoridade das conferências episcopais ao lado do reiterado acento colocado no primado pontifício e no poder da Cúria

Romana, em detrimento das Igrejas particulares e de sua legítima autonomia; o estremecimento nas relações ecumênicas suscitado pela interpretação dada na *Dominus Jesus* ao "*subsistit in*" e que conflita com a letra e o espírito do concílio na *Lumen Gentium*.

Mostra ainda o lento abandono de pontos capitais da reforma litúrgica, não apenas com a reintrodução da Missa em latim segundo o missal de São Pio V, mas com a perda do profundo significado eclesiológico e teológico da *Sacrosanctum Concilium*, que recentrou toda a liturgia no mistério pascal e na assembleia dos batizados, que o celebra em torno da mesa da Palavra e do Pão.

O sexto e último capítulo debruça-se sobre o que o autor denomina as macroquestões atuais em torno ao Vaticano II e à sua herança, já que em muitos ambientes eclesiais procedeu-se a um silencioso abandono do concílio e de seu espírito na pastoral, no ensino da teologia, na liturgia, no empenho ecumênico e macroecumênico:

- O concílio, um ponto de chegada ou de partida para a renovação da Igreja?

- De um lado, como aprofundar a compreensão da íntima relação entre o conjunto dos documentos conciliares que formam um *corpus* único e conversam intensamente entre si e não podem ser entendidos em afirmações isoladas e fora do contexto. De outro lado, como manter sempre vivo o laço entre o evento do passado, a realidade atual e os novos desafios; entre os documentos em si e sua recepção pelas igrejas locais em diferentes contextos e realidades; entre a letra dos textos e o espírito do concílio?

- Como lidar com a mudança e a continuidade na tradição da Igreja; com sua atenção aos "sinais dos tempos" e sua fidelidade às exigências antigas e sempre novas da mensagem evangélica, já que Vaticano II foi um concílio de *aggiornamento* e de renovada atualização e rejuvenescimento da Igreja?

Se algo pudesse ser acrescentado ao abrangente e quase exaustivo levantamento de Massimo Faggioli, seria no sentido de chamar a atenção para alguns aspectos da recepção conciliar próprios do Brasil e da América Latina.

O autor coloca em relevo a recepção conciliar operada pela Igreja da América Latina e do Caribe em Medellín de forma fiel e, ao mesmo tempo, criativa e seletiva. Aponta para sua originalidade e importância para o restante da Igreja nos demais continentes, por ter assumido como ponto de partida para todos os seus 16 documentos os desafios da realidade vistos como "sinais dos tempos" e da interpelação que Deus nos dirige na história; por ter perseguido com coerência a perspectiva de uma Igreja servidora e pobre a serviço dos mais desamparados e de sua libertação; por ter traduzido na prática eclesial das comunidades eclesiais de base a noção da Igreja como o povo dos batizados que se alimenta da Palavra de Deus, que celebra a vida e se empenha numa presença profética e libertadora no mundo.

Nessa mesma linha, podia-se resgatar a caminhada do grupo conciliar informal *Igreja dos Pobres*, ao qual tantos bispos do Brasil e da América Latina se somaram durante o concílio. Esse grupo viveu a experiência conciliar como conversão pessoal no seguimento de Jesus pobre, que proclamou os pobres bem-aventurados e destinatários primeiros do seu Reino de justiça e de paz.

No *Pacto da Igreja servidora e pobre*, mais conhecido como *Pacto das Catacumbas*, articulado em torno de treze breves compromissos e firmado por quarenta bispos em celebração nas Catacumbas de Santa Domitila a 16 de novembro de 1965, encontram-se muitas das sementes de Medellín e de uma recepção corajosa, profética e comprometida do concílio, que segue dando frutos de vida por todo o continente.[1] O Pacto, até o final do concílio, foi assinado por cerca de quinhentos padres conciliares.

Dom Helder Camara, ao retornar do concílio, apresentou para a arquidiocese de Olinda e Recife o Pacto das Catacumbas como síntese válida e profética dos compromissos espirituais, pastorais e sociais que pessoal e coletivamente aquela Igreja particular era chamada a assumir.

Por outro lado, a *pastoralidade como* coração do concílio querido por João XXIII é a grande marca do encaminhamento da recepção conciliar no Brasil.[2]

Enquanto as primeiras Igrejas a decidirem os passos da recepção do Vaticano II em seus países o fizeram no final dos anos 1960 e início dos 1970, por meio de sínodos nacionais, com pioneirismo das Igrejas da Áustria (1968-1971), da Holanda (1970) e da Alemanha (1972-1975), a Igreja do Brasil realizou uma assembleia permanente da CNBB durante toda a IV sessão conciliar (14 de setembro a 08 de dezembro de 1965), para elaborar o *Plano de Pastoral de Conjunto*, o PPC. Este foi aprovado em fins de novembro de 1965, para iniciar sua aplicação nos inícios de 1966.[3] O PPC foi estabelecido para um quinquênio (1966-1970) e, uma vez avaliado, foi prolongado para um

---

[1]   KLOPPENBURG, Boaventura. *Concílio Vaticano II*. Petrópolis 1966. v. 5: Quarta sessão (1965), p. 526-528.

[2]   Sobre a experiência conciliar da Igreja do Brasil, cf. BEOZZO, José Oscar. *A Igreja do Brasil no Vaticano II*. São Paulo, Paulinas, 2005.

[3]   CNBB. *Plano de Pastoral de Conjunto – 1966-1970* (Rio de Janeiro, 1966). Usaremos da abreviação PPC para citar o Plano de Pastoral de Conjunto de

novo quinquênio (1971-1975). Guiou, assim, por dez anos a atuação pastoral da Igreja do Brasil, inteiramente colada ao evento conciliar e aos seus documentos e inteiramente aberta à realidade brasileira e aos seus desafios.

O Plano estrutura suas propostas de implantação da reforma conciliar em torno de seis linhas pastorais que tentam reduzir a uma síntese operativa o conjunto das constituições, decretos e declarações do Vaticano II:[4]

> Linha de trabalho n. 1: Promover uma sempre mais plena unidade visível no seio da Igreja católica.[5]
> Linha de trabalho n. 2: Promover a ação missionária.[6]
> Linha de trabalho n. 3: Promover a ação catequética, o aprofundamento doutrinal e a reflexão teológica.[7]
> Linha de trabalho n. 4: Promover a ação litúrgica.[8]
> Linha de trabalho n. 5: Promover a ação ecumênica.[9]
> Linha de trabalho n. 6: Promover a melhor inserção do povo de Deus como fermento na construção de um mundo segundo os desígnios de Deus.[10]

Podemos falar, assim, de três modelos de recepção diferentes, com profundas afinidades espirituais, práticas e teológicas entre si, da parte de pessoas, de propósitos e de igrejas. Dá-se uma recepção mais profética no Pacto das

---

1965. O PPC foi reeditado recentemente na coleção azul dos Documentos da CNBB, n. 77 (São Paulo, Paulinas, 2004).

[4] Para uma visão de conjunto da recepção no Brasil, cf. BEOZZO, José Oscar. A recepção do Vaticano II na Igreja do Brasil. *Religião e Cultura*: Revista de Teologia e Ciências da Religião, São Paulo, PUC, v. IX, jan,-jun 2010. Alegrias e Esperanças? Revisitando o Concílio Vaticano II em seus 45 anos (1965-2010), p. 25-45.

[5] PPC, 52-61.

[6] PPC, 62-65.

[7] PPC, 66-70.

[8] PPC, 71-78.

[9] PPC, 79-81.

[10] PPC, 82-88.

Catacumbas, mais pastoral no PPC da Igreja do Brasil, mais focada na transformação do mundo e da Igreja, em Medellín.

O debate teológico-pastoral acerca do concílio na América Latina esteve mais voltado para o futuro do que para o passado, mais centrado nos desdobramentos pastorais e sociais do que no debate acadêmico. Nesse sentido, podemos dizer que, para as Igrejas do continente, o concílio foi mais um ponto de partida do que de chegada. Acabou gerando igualmente uma prática pastoral e um magistério próprios que se inspiram no concílio, mas que o ultrapassam largamente e que se encontram espelhados e sistematizados nas Conferências gerais do episcopado latino-americano. Esse "magistério" e essa reflexão de caráter mais comunitário e coletivo do que individual podem ser encontrados igualmente na reflexão e diretrizes pastorais das 22 conferências episcopais do continente, nas assembleias diocesanas e cartas pastorais dos bispos locais, nas Cartas às Comunidades dos 12 intereclesiais das CEBs do Brasil, em documentos de diferentes pastorais sociais que encontram na teologia da libertação nos vários desdobramentos e matizes da teologia negra, da teologia feminista, da teologia índia, da ecoteologia, um válido arcabouço articulador da espiritualidade, das práticas pastorais, do empenho em favor da justiça e da reflexão teológica.

A II Conferência Geral do Episcopado Latino-americano em Medellín (1968) igualmente pautou a ação pastoral da Igreja latino-americana por um decênio (1968-1978). Suas linhas mestras foram reafirmadas e ampliadas para um novo período, agora de treze anos, tempo que mediou entre a III Conferência Geral do Episcopado em Puebla (1979) e a IV Conferência em Santo Domingo (1992). Essa trajetória foi confirmada de novo por Aparecida (2007).

Depois desses fecundos momentos iniciais, a historização do evento conciliar e a entrada mais ao vivo no debate sobre seu significado aconteceu na América Latina em quatro momentos principais:

- Sínodo da evangelização de 1974.
- Instrução *Libertatis Nuntius* sobre alguns aspectos da teologia da libertação de 1984 e *Libertatis Conscientia* de 1986.
- Sínodo Extraordinário de 1985.
- 50 anos da abertura do concílio (1962-2012).

O avanço das perspectivas próprias e inovadoras suscitadas pelo concílio já pode ser claramente visualizado no desenrolar do Sínodo de 1974 sobre a evangelização e na posterior Exortação pós-sinodal *Evangelii Nuntiandi* de Paulo VI.

Enquanto as Igrejas da Europa e da América do Norte identificavam na secularização de suas sociedades o principal desafio para a tarefa evangelizadora, e as Igrejas do leste europeu indicavam nos Estados militantemente ateus e no confinamento da Igreja na esfera privada dos indivíduos e famílias o maior obstáculo para sua atuação evangelizadora, as jovens Igrejas apontaram para outros desafios: a África para a inculturação da mensagem evangélica, a América Latina para a libertação das grandes maiorias oprimidas do continente e a Ásia para o ingente desafio do diálogo com as grandes religiões que tiveram ali o seu berço ou ali se desenvolveram: o hinduísmo, o budismo, o islamismo e as religiões tradicionais da China, Coreia, Japão, Indonésia, Índia, Paquistão, Bangladesh, para falar apenas dos países mais populosos.

Em lugar da anterior uniformidade de leitura acerca da realidade, das respostas a serem dadas jurídica, teológica e liturgicamente, o concílio fez irromper um vasto leque de novas percepções e novas respostas.

Outra tomada de consciência aconteceu em 1984, quando da publicação da Instrução sobre alguns aspectos da Teologia da Libertação pela Congregação da Doutrina da Fé, *Libertatis Nuntius*, seguida dois anos depois pela segunda instrução: *Libertatis Conscientia*.

Até então, a experiência pastoral latino-americana, com a Leitura Popular da Bíblia, as Comunidades Eclesiais de Base, suas pastorais sociais e a reflexão teológica que as acompanhava, vinha sendo vivida como fiel desdobramento das intuições do concílio e de Medellín.

Com dor e surpresa, descobriu-se que começava a prevalecer no centro romano outra leitura do concílio, não mais na linha das intuições maiores de João XXIII assumidas pela maioria conciliar, mas na perspectiva das posições tradicionalistas e, muitas vezes, intransigentes da oposição cristalizada na minoria conciliar.

Passava-se a desautorizar o que era vivido, sentido e refletido como autêntica e fiel recepção do concílio no contexto da realidade latino-americana.

Nesse sentido, pode ser entendida a viva reação de teólogos latino-americanos a uma visão pessimista acerca do concílio e dos seus frutos, que deixava de mirar o futuro e olhava com nostalgia para o passado pré-conciliar. O *aggiornamento* proposto por João XXIII foi sendo substituído por um projeto de restauração, cada vez mais claramente delineado.

Essa mudança de rumo ganha contornos mais nítidos às vésperas do Sínodo Extraordinário pelos vinte anos do concílio, em 1985, com a longa entrevista concedida pelo então prefeito da Congregação para a Doutrina da Fé,

Cardeal Joseph Ratzinger ao jornalista Vittorio Messori: *Rapporto sulla Fede*, Relatório sobre a Fé.[11]

A entrevista, nos seus diferentes aspectos, suscitou um imediato comentário da parte de duas dezenas de teólogos e teólogas de toda a América Latina que confrontaram, a partir da experiência da Igreja latino-americana, os propósitos e avaliações ali externados.[12]

As jovens igrejas da América Latina, da África e da Ásia experimentaram o concílio como sua ata de nascimento, como Igrejas com rosto e identidade próprias. Lançaram-se numa denodada busca por responder, à luz do concílio, aos desafios da realidade social, política, cultural e religiosa de seus respectivos continentes. Para elas, restauração significava cortar-lhes as asas para voar e os pés para caminhar e reduzi-las de novo ao estado de minoridade em que eram mantidas antes do concílio, perdendo todo o protagonismo que haviam conquistado na esfera da ação pastoral e litúrgica e da reflexão bíblica e teológica.

Nos 50 anos da abertura do concílio, há um movimento importante de se revisitar o concílio e de recuperar suas principais propostas e intuições. Por todo lado multiplicam-se encontros, seminários de estudo, publicações de cunho mais pastoral ou acadêmico. Paulinas tomou a iniciativa de republicar, com breves e atualizados comentários, os documentos conciliares. A CNBB, por outro lado, decidiu proclamar um quatriênio (2012 a 2015) de iniciativas pastorais e reflexão em torno ao Vaticano II. O

---

[11] A entrevista foi traduzida para o português e publicada em livro: *A fé em crise? O Cardeal Ratzinger se interroga*. Tradução de Fernando José Guimarães. São Paulo, EPU, 1985.

[12] BEOZZO, José Oscar (org.). *O Vaticano II e a Igreja Latino-americana*. São Paulo, Paulinas, 1985.

cinquentenário converteu-se, assim, num momento privilegiado para se conhecer o concílio e recuperar o vigor de suas intuições e reformas.

Como não abafar o sopro do Espírito na vida da Igreja seja talvez o maior desafio que vive a herança conciliar nos dias de hoje. Como deixar que esses ricos desdobramentos do Vaticano II sigam seu caminho, dando frutos e sendo acolhidos e confirmados colegialmente por toda a Igreja e por Pedro, dentro da missão que lhe foi confiada por Cristo: "*Et tu, aliquando conversus, confirma fratres tuos*" – "E tu, uma vez convertido, confirma teus irmãos" (Lc 22,32 b)?

Nesse sentido, o livro de Massimo Faggioli mostra as muitas facetas, logros e percalços da aventura conciliar e de sua recepção[13] e lança o convite para que não deixemos estiolar a profecia ali contida, para darmos sequência ao *aggiornamento* proposto por João XXIII ao decidido espírito ecumênico e à missão da Igreja a serviço dos pequenos e da humanidade toda, como reza o proêmio da Constituição Pastoral *Gaudium et Spes*:

> As alegrias e as esperanças, as tristezas e as angústias dos homens de hoje, sobretudo dos pobres e de todos aqueles que sofrem, são também as alegrias e as esperanças, as tristezas e as angústias dos discípulos de Cristo; e não há realidade alguma verdadeiramente humana que não encontre eco no seu coração (GS 1).

José Oscar Beozzo
São Paulo, 12 de janeiro de 2013.
< jbeozzo@terra.com.br >

---

[13] Válido complemento ao livro de Faggioli é o fascículo publicado pela Revista *Concilium*: Silvia Scatena et al. (ed.). A 50 anos do início do Concílio Vaticano II (1962-2012), fasc. 3/2012. Petrópolis, Vozes, 2013.

Capítulo 1
Uma breve história do debate sobre o Vaticano II

O debate sobre um concílio que marcou época

Já se passaram cinquenta anos desde o início do Vaticano II, em 11 de outubro de 1962, na *aula** de São Pedro em Roma, com o discurso de abertura de João XXIII, *Gaudet Mater Ecclesia*. No entanto, do ponto de vista histórico, o concílio ainda é muito jovem. Os dois mil anos de história dos concílios da Igreja dão testemunho de uma recepção necessariamente lenta e prolongada de cada concílio ecumênico, especialmente os concílios que marcaram época, como o Concílio de Trento (1545-1563) e o Vaticano II (1962-1965). O impacto verdadeiramente "ecumênico" do Vaticano II torna a recepção do concílio ainda mais complexa. Realmente, ninguém discute o impacto epocal do Vaticano II. O debate inflamado na Igreja católica depois da eleição de Joseph Ratzinger – Bento XVI (19 de abril de 2005) – sobre a hermenêutica do Concílio Vaticano II é a evidência mais forte da força propulsora do concílio na vida da Igreja, bem como do risco de que suas interpretações se distanciarao.[1] Prova do papel central do concílio

---

* O leitor brasileiro deve ter presente que a palavra latina *aula* significa "sala" onde pessoas se reúnem para qualquer finalidade. (N.T.)

[1] BENTO XVI. Alocução de Natal à Cúria Romana, 22 de dezembro de 2005. In: *Insegnamenti di Benedetto XVI*. Cidade do Vaticano, Libreria Editrice

na caminhada da Igreja para o seu futuro no mundo moderno é que o debate vivo sobre o Vaticano II – tanto histórico como teológico – está longe de terminar, embora a geração de bispos, teólogos e leigos e leigas ativos no tempo de sua celebração esteja gradualmente cedendo espaço para uma nova geração de católicos. Essa nova geração é potencialmente indiferente, desdenhosa e até hostil ao Vaticano II com base na apresentação politicamente orientada do "catolicismo do Vaticano II", rotulado com demasiada frequência como "liberal" e "condescendente", senão pior.[2] Por outro lado, o interesse pelo Vaticano II parece ser mais evidente do que nunca, como ficou demonstrado pela decisão de Bento XVI de colocar o Vaticano II na agenda do encontro de 2010 com seus ex-alunos – o "Ratzinger Schülerkreis" –, em sua residência de verão em Castel Gandolfo.

Por isso é muito importante avaliar o estado do debate sobre o concílio, a começar por aquele que ocorreu no Vaticano II sobre o tema. Cinquenta anos depois do começo do concílio, as lideranças da Igreja – a geração de bispos e teólogos ativa no concílio – foram substituídas.

Vaticana, 2006. v. 1 (2005), p. 1018-1032, e disponível em: < http://www.vatican.va/holy_father/benedict_xvi/speeches/2005/december/documents/hf_ben_xvi_spe_20051222_roman-curia_po.html >. A versão portuguesa do discurso do Papa está disponível nesse mesmo site.

[2] ROUTHIER, Gilles. Recherches et publications récentes autour de Vatican II. *Laval Théologique et philosophique* 56 (2000), p. 543-583; 58 (2002), p. 177-203; 60/3 (2004), p. 561-77. FAGGIOLI, Massimo. Concilio Vaticano II: bollettino bibliografico (2000-2002). *Cristianesimo nella Storia*, n. 24/2 (2003), p. 335-60. FAGGIOLI, Massimo. Concilio Vaticano II: bollettino bibliografico (2002-2005). *Cristianesimo nella Storia*, n. 26/3 (2005), p. 743-67. FAGGIOLI, Massimo. Vatican Council II: Bibliographical Overview 2005-2007. *Cristianesimo nella Storia*, n. 29/2 (2008), p 567-610; WICKS, Jared. New Light on Vatican Council II. *Catholic Historical Review*, n. 92 (2006), p. 609-28; WICKS, Jared. Further Light on Vatican Council II. *The Catholic Historical Review*, n. 95 (2009), p. 546-69.

A transmissão da autorrepresentação do Vaticano II é decisiva para compreender suas conquistas e lacunas, do modo como foram debatidas nos últimos cinquenta anos.[3] A melhor maneira de refletir sobre a situação do catolicismo mundializado do século XXI é reapropriando-se do acontecimento que deu forma à Igreja de maneira comparável apenas com o impacto que o Concílio de Trento teve sobre o catolicismo europeu. As dimensões entremeadas do Vaticano II, junto com a redescoberta do caráter de "catolicidade" da Igreja católica como uma "Igreja mundial", torna o debate sobre o Vaticano II rico, cultural e linguisticamente diversificado, politicamente sensível e, assim, extremamente interessante para se explorar.

Um dos efeitos da introdução dos canais de notícias 24 horas por dia, durante 7 dias da semana, na cultura da Igreja católica é o risco de se esquecer da profundidade histórica do debate sobre o Vaticano II, a importância e a recepção do concílio. De modo semelhante, um dos principais resultados da atividade da blogosfera católica é simplificar ou reduzir o debate sobre o Vaticano II a fofocas, ou tornar os argumentos teológicos e históricos sobre o concílio impenetráveis ou reduzidos a jargões, um destino irônico para um "concílio pastoral" como João XXIII pretendia, quando o anunciou em 25 de janeiro de 1959.

---

[3] É também verdade que publicações sobre o Vaticano II sempre foram um sucesso para os editores, como se pode ver pela história da coleção mais popular dos documentos conciliares, *Kleines Konzilskompendium*, editado por Karl Rahner e Herbert Vorgrimler (Freiburg. Herder, 1966), que teve a sua trigésima quinta edição em 2008 (Freiburg: Herder, 2008). No Brasil, a Editora Vozes publicou imediatamente após o Concílio (1966) o *Compêndio do Vaticano II. Constituições, decretos, declarações*, com Introdução e Índice Analítico de Frei Boaventura Kloppenburg e coordenação geral de Fei Frederico Vier. As Paulinas publicaram nova tradução dos originais latinos sob responsabilidade de Francisco Catão: *Vaticano II: mensagens, discursos e documentos*. 2. ed. 2007, São Paulo; 2ª reimp. 2012.

A fim de evitar a falsa impressão de um debate conduzido pelas necessidades dos circuitos de notícias ou da ordem do dia de algum círculo de iniciados ou de uma determinada "escola", o primeiro passo é fazer o debate remontar às suas origens.

O que o Vaticano II disse sobre o Vaticano II (1960-1965)

João XXIII anunciou o Concílio Vaticano II em 25 de janeiro de 1959. Depois de um longo período preparando os textos a serem discutidos, entre 1962 e 1965, bispos e centenas de teólogos de todo o mundo se reuniram pela primeira vez: 2.500 representantes da Igreja que começavam a dar-lhe forma de "igreja mundial" de um ponto de vista cultural e teológico. Em todos os concílios ecumênicos do século XII ao Concílio Vaticano I (1869-70), a representação de bispos não europeus estava limitada a uma presença minimamente simbólica de Igrejas católicas não europeias.

Essa nova catolicidade da Igreja católica representada no Vaticano II foi o fato básico que contribuiu para a recepção inicial do Vaticano II pelo próprio concílio, ou seja, pelos bispos procedentes das igrejas locais do mundo inteiro. O fato de o Vaticano II ter sido o primeiro concílio realmente mundial é evidente não só na teologia dos documentos debatidos e aprovados (a começar pela constituição litúrgica *Sacrosanctum Concilium* aprovada em dezembro de 1963), mas também na recepção desses documentos.

O elemento decisivo na passagem do catolicismo pesadamente europeu para um catolicismo mundial foi a contribuição dos movimentos de renovação nas primeiras décadas do século XX. O movimento bíblico, a renovação litúrgica, o reavivamento patrístico, o *ressourcement* – ou seja, o retorno às fontes da Igreja, quando ela ainda era indivisa – e o movimento ecumênico com base na Europa e na América do Norte sobreviveram à crise modernista no começo do século XX e às condenações de Pio XII, e conseguiram levar aos padres e peritos do Vaticano II o cerne das suas reflexões histórico-teológicas sobre a renovação da Igreja católica. O reavivamento bíblico introduziu na Igreja católica o desejo de acesso direto à Bíblia para cada crente. A renovação litúrgica acentuou não só a centralidade da participação ativa do fiel, mas também a necessidade de restabelecer o equilíbrio da vida da Igreja em torno da liturgia e, além disso, renovar a linguagem litúrgica a fim de fortalecer a vida espiritual através de um desenvolvimento dos princípios de adaptação e inculturação com as culturas locais de cada uma das igrejas católicas individuais. O movimento ecumênico sofrera alguns severos reveses de Roma desde a década de 1920, mas em nível local ele vagarosamente quebrou o tabu dos intercâmbios entre cristãos católicos, protestantes ortodoxos. A renovação patrística defendeu uma volta à grande tradição dos Padres da Igreja (grega e latina), uma tradição que era mais teológica e menos jurídica, e era anterior à cristandade europeia e ao mito de um catolicismo exclusivamente europeu, especialmente de um ponto de vista cultural.

Foi também graças ao legado desses movimentos teológicos e à sua contribuição para o concílio que o Vaticano II não foi apenas uma assembleia que debateu sobre a redação final dos documentos, mas tornou-se também para muitos de seus participantes momento de reflexão e, não raramente, de "conversão" espiritual e intelectual à necessidade de um verdadeiro *aggiornamento*. Desde o começo da preparação do concílio, bispos e teólogos de tradições europeias e não europeias, não ocidentais e não latinas começaram a escrever diários que demonstram a profunda consciência do acontecimento no coração e na mente dos participantes. A disponibilidade desses documentos (alguns deles já foram publicados) torna impossível negar o fato de que os protagonistas do Vaticano II viveram-no como uma experiência que influenciou – às vezes de maneira dramática – o seu modo de conceber a relação entre a Igreja e a tradição, Igreja e cultura, e Igreja e mundo moderno.[4]

A mecânica institucional do concílio contribuiu para o crescimento de sua consciência. O primeiro documento a ser debatido e aprovado pelo Vaticano II (de outubro de 1962 a novembro de 1963), a constituição litúrgica *Sacrosanctum Concilium*, deu início à única e mais importante "reforma" – estritamente falando – que a assembleia dos padres conciliares decidiu, ou seja, a reforma litúrgica. *Sacrosanctum Concilium*, longe de ficar limitada à estética da liturgia, teve profundas implicações e afetou tanto o debate eclesiológico (a partir de outubro de 1963) como o Vaticano II como tal nos seus pressupostos teológicos básicos (como a volta às fontes, a Igreja como o povo de Deus, ecumenismo), bem como em suas opções institucionais (a criação das conferências nacionais de bispos em cada país).

O impacto dos meios de comunicação de massa sobre o Vaticano II foi, certamente, muito maior do que sobre

---

[4] Ver as leituras sugeridas no final deste volume. Algumas são de diários ou revistas mantidas por bispos e teólogos no Vaticano II. Para uma lista de diários e crônicas publicados e não publicados, ver FAGGIOLI, Massimo; TURBANTI, Giovanni. *Il concilio inedito: Fonti del Vaticano II*. Bologna, Il Mulino, 2001.

qualquer outro concílio da Igreja, mas também em comparação com qualquer outro evento religioso. A ambientação geográfica do concílio em Roma (a capital do catolicismo); o mecanismo "quase parlamentar" na *aula* na nave da igreja de São Pedro (a relação entre uma maioria e uma minoria; o sistema de assembleias plenárias, comissões e subcomissões; as emendas aos textos propostos; o *lobby* feito fora da *aula*); a longa duração do evento (sete anos desde o anúncio em janeiro de 1959 até sua conclusão em dezembro de 1965, com quatro sessões muito intensas nos outonos europeus entre 1962 e 1965), tudo isso forneceu à imprensa, rádio e o novo meio televisivo um evento imperdível de mudança dentro de uma instituição, a Igreja católica, que tivera sempre mantido a imutabilidade como uma força. O Vaticano II deu aos meios de comunicação um novo rosto para o catolicismo global, mas em certa medida é inegável que a cobertura mediática do Vaticano II também teve um impacto sobre os bispos e teólogos reunidos em Roma no sentido de desenvolver uma nova dimensão global da Igreja em sua tentativa de reunir os cristãos: "o Vaticano II exprimiu, com relação a essa evolução, uma inversão embrionária dessa tendência".[5]

Acima de tudo, porém, foi o meio teológico e os movimentos pré-conciliares de renovação (o movimento litúrgico, bíblico, ecumênico e renovação patrística) que forneceram aos padres conciliares as intuições e pistas para os debates. E do meio teológico veio, imediatamente após o fim do Vaticano II, a primeira onda de estudos sobre os documentos conciliares.

---

[5] ALBERIGO, Giuseppe. For a Christian Ecumenical Council. In: *Toward Vatican III: The Work that Needs to Be Done*. Editado por David Tracy, com Hans Küng e Joahnn B. Metz. Nijmegen, Holanda, Concilium; New York, Seabury Press, 1978, p. 57-66, citação à p. 57.

Vaticano II: reconhecido, recebido, rejeitado (1965-1980)

Em 8 de dezembro de 1965, o fim do Vaticano II significou a volta de bispos e teólogos de Roma para suas igrejas locais, mas não significou a conclusão dos debates ou o fim da tentativa da Cúria Romana de controlar o resultado final do concílio. Os textos finais do concílio tinham sido certamente votados, definitivamente aprovados e solenemente promulgados pelo Papa Paulo VI, a fim de serem traduzidos e divulgados na Igreja católica. Em 1564, não muito tempo depois do fim do Concílio de Trento, o Papa Pio IV criou a Congregação do concílio para se encarregar da interpretação dos decretos do concílio e proibiu a publicação de quaisquer glosas ou comentários sobre eles. A conclusão do Vaticano II não continha tal proibição sobre comentar os textos finais. Quer dizer, a Santa Sé e a Cúria Romana não tinham um monopólio estrito sobre a interpretação dos textos conciliares – apesar de "o concílio se ter realizado no centro, ter sido convocado pelo centro, ter funcionado em grande parte com o equipamento do centro e estar destinado a ser interpretado e implementado pelo centro".[6] Por isso não foi surpresa que a primeira oportunidade para teólogos debaterem os documentos finais do concílio se deu por uma série de comentários sobre os textos publicados para teólogos, padres, seminaristas, religiosos e religiosas, e também para um grande número de leitores ávidos por obter maior familiaridade com os textos do Vaticano II.[7]

---

[6] O'MALLEY, John W. *What Happened at Vatican II*. Cambridge, MA, Belknap Press, 2008, p. 311.

[7] Como primeiros estudos sobre a linguagem dos documentos finais do Vaticano II, ver *Indices verborum et locutionum Decretorum Concilii Vaticani II*,

É particularmente interessante que os comentários mais importantes não vieram de bispos que supervisionaram o processo de redação dos documentos, mas de teólogos que atuaram durante o Vaticano II como consultores (*periti* = peritos) nas comissões oficiais, ou teólogos que assessoravam os seus bispos durante a preparação de suas intervenções na *aula* e nas comissões conciliares.

Alguns autores desses comentários se tornaram os principais personagens do debate sobre o Vaticano II a partir da década de 1970 (Yves Congar, Henri de Lubac, Joseph Ratzinger, Edward Schillebeeckx). Examinaremos as suas posições nos capítulos seguintes. É importante notar agora que a experiência desses comentadores é eminentemente acadêmica – teólogos profissionais e nem sempre detentores de cargos eclesiásticos com incumbências pastorais diretas. Entretanto, os bispos estavam ativos em outro nível do debate sobre o Vaticano II, tendo se comprometido com iniciativas para uma recepção eclesial do Vaticano II através de uma importante onda de sínodos diocesanos e nacionais (Áustria 1968-71, Holanda 1970 e Alemanha 1972-75) e as assembleias continentais de bispos (para a América Latina, o CELAM reunido em Medellín em 1968). Acima de tudo, a paisagem teológica do primeiro ano do período pós-Vaticano II começou com uma frutuosa estação de diálogos ecumênicos.

Essa espécie de "divisão de tarefas" entre teólogos e bispos é uma característica do debate sobre o Vaticano II e um indicador do catolicismo pós-Vaticano II, pelo menos até o fim do pontificado de João Paulo II. Este agiu

---

11 vols. (Bologna, Istituto per le scienze religiose, 1968-86). DELHAYE, Philippe; GUERET, Michel; TOMBEUR, Paul (ed.). *Concilium Vaticanum II. Concordance, Index, Listes de fréquence, Tables comparatives.* Louvain, 1974.

como a última e única garantia para o Vaticano II, com uma intenção bastante "nominalista" e até inequívoca de receber o legado do concílio. Ele revisitou de maneira criativa alguns ensinamentos essenciais do Vaticano II, tais como o ecumenismo em sua encíclica *Ut unum sint* (1995) e o diálogo inter-religioso, começando com o Dia Mundial de Oração em Assis (1986) e continuando em suas viagens, especialmente no Oriente Médio. Por outro lado, a atuação dos bispos e das conferências nacionais de bispos na interpretação do Vaticano II na vida da Igreja foi reduzida sob Paulo VI e mais ainda sob João Paulo II. Mas uma mudança ainda mais importante e clara aconteceu em abril de 2005 com a eleição de Bento XVI, que, como cardeal prefeito da Congregação para a Doutrina da Fé (1981-2005), fora um poderoso intérprete do Vaticano II e não um mero executor das políticas de João Paulo II, no campo doutrinal.

Os principais comentários sobre os documentos finais do concílio representaram uma tentativa de lançar luz sobre o sentido mais profundo dos textos contra um pano de fundo da história do debate e de elaborar hipóteses sobre a tendência da Igreja católica após o Vaticano II. Nos primeiros anos após o concílio, o espectro ideológico dos teólogos católicos sobre o Vaticano II parecia ser unânime em sua aceitação entusiástica dos documentos finais e sua visão da novidade do Vaticano II, por exemplo, em eclesiologia, liturgia, reavivamento bíblico, ecumenismo, liberdade religiosa e relações inter-religiosas. As tensões entre a "letra" e o "espírito" do Vaticano II não tinham grande importância nessa época, como não teve a suposta tensão entre a hermenêutica de continuidade com toda a tradição católica e a consciência da descontinuidade do catolicismo do passado, especialmente do "longo" século XIX desde Pio IX a Pio XII.

Os teólogos classificados na chamada "maioria" aceitaram o concílio como um momento decisivo. No entanto, as nuanças de "como ler" o Vaticano II – com termos como *aplicação, recepção, interpretação* – revelavam diferenças importantes. Aquela espécie de unanimidade teológica acerca do Vaticano II – que surgia da "unanimidade moral" que Paulo VI buscava para a aprovação dos documentos finais – não duraria. Pelo final do concílio o debate acerca do conteúdo e do papel da constituição pastoral *Gaudium et spes* revelou a divisão, dentro dos teólogos do século XX, entre os neoagostinianos (Daniélou, de Lubac, Ratzinger, von Balthasar) e os neotomistas (Chenu, Congar, Rahner, Lonergan, Schillebeeckx).[8]

A fundação, na Holanda, da revista progressista *Concilium*, em 1964, representou a tentativa mais notável para divulgar a mensagem do Vaticano II por um grupo de acadêmicos que representava a vasta maioria no concílio (Hans Küng, Yves Congar, Karl Rahner, Edward Schillebeeckx). Por volta de 1970, o grupo já tinha importantes defecções (Henri de Lubac, Hans Urs von Balthasar, Joseph Ratzinger), indicando uma ruptura na atitude dos teólogos em relação ao concílio. Uma nova revista internacional, *Communio*, foi fundada em 1972 por Joseph Ratzinger, Hans Urs von Balthasar e Henri de Lubac como uma tentativa de contrabalançar *Concilium* e "analisar a agitação e confusão das ideologias em luta e o choque de filosofias de

---

[8] Ver KOMONCHAK, Joseph. Augustine, Aquinas, or the Gospel *sine glossa?* Divisions over *Gaudium et spes*. In: *Unfinished Journey: The Church 40 Years after Vatican II*. Editado por John Wilkins. London, *Continuum*, 2004, p. 102-8. É digno de nota que Karl Rahner concordava com Ratzinger de que a primeira parte de *Gaudium et spes* era demasiado otimista.

vida no tempo presente".[9] Os colaboradores de *Communio* preferiam interpretar o Vaticano II com o que chamavam hermenêutica de continuidade, acentuando a solidariedade do concílio com a toda a tradição católica e os concílios anteriores, e uma abordagem mais agostiniana da questão da relação entre a Igreja e o mundo moderno.

A encíclica de Paulo VI sobre a contracepção, *Humanae vitae* (publicada em 1968, um ano politicamente intenso no mundo todo), teve grande impacto sobre a Igreja, influiu na recepção do Vaticano II e produziu as primeiras "revisões" das interpretações do concílio, inaugurando pontos de vista menos entusiásticos e mais cautelosos, e também uma maneira de ler o concílio que tinha mais a ver com posições ideológicas do que com história da teologia e história da Igreja.

As controvérsias do começo da década de 1970 não juntaram de novo os teólogos do Vaticano II na Igreja católica, mas, ao contrário, contribuíram para aumentar a brecha entre interpretações. Em 29 de junho de 1972, ao pregar na Festa de São Pedro e São Paulo, Paulo VI disse: "Depois do concílio, acreditava-se que haveria um dia de sol para a história da Igreja. Em vez disso, veio um dia de nuvens, de tempestade, de escuridão, de busca, de incertezas".[10] Em particular, a derrota final de Paulo VI na composição da *Lex Ecclesiae Fundamentalis* (Lei Fundamental da Igreja), que tentou canonizar uma interpretação eclesiológica estreita do Vaticano II, tornou a Igreja cada

---

[9]   BALTHASAR, Hans Urs von. Communio – A Program. *Communio*, n. 1, p. 3-12, 1972, citação na p. 3.

[10] O texto original da homilia em italiano ["Si credeva che dopo il Concilio sarebbe venuta una giornata di sole per la storia della Chiesa. È venuta invece una giornata di nuvole, di tempesta, di buio, di ricerca, di incertezza"] está disponível em: < http://www.vatican.va./holy_father/paul_vi/homilies/1972/documents/hf_p-vi_hom_19720629_it.html >.

vez mais cautelosa em relação a algumas implementações do concílio. Os debates entre 1965 e meados da década de 1970 sobre a necessidade dessa Lei Fundamental da Igreja (uma lei que nunca foi promulgada, mas foi "reciclada" em muitas partes do Código de Direito Canônico de 1983) mostraram uma variedade de interpretações do Vaticano II presentes dentro da Cúria Romana e dentro da antiga maioria "progressista" no concílio.

A antiga minoria "conservadora" no concílio mostrou-se mais coerente em sua luta contra o Vaticano II. A pequena seita criada pelo arcebispo Marcel Lefebvre em 1970 – a Fraternidade de São Pio X – representava realmente os aspectos incômodos (para dizer o mínimo) de um catolicismo contemporâneo que rejeitava deliberadamente o Vaticano II e se atinha a uma cultura teológica pré-moderna e a uma visão política de mundo antidemocrática.[11] A excomunhão do arcebispo Lefebvre em 1976 não teve efeitos significativos no debate, mas a suspensão da excomunhão por Bento XVI, no começo de 2009, dos quatro bispos ordenados por Lefebvre em 1988 lança luz importante sobre uma brecha velada, mas muito ativa, dentro do catolicismo europeu e norte-americano relativo ao papel do Vaticano II.

Além do fenômeno lefebvriano muito europeu, o debate sobre o Vaticano II em meados da década de 1970 suscitou pedidos por um "Concílio Vaticano III" – pela primeira vez numa longa série de repetidos apelos, ainda que de vida curta.[12] A eleição de João Paulo II em 1978 de-

---

[11] Ver LEFEBVRE, Marcel. *I Accuse the Council!* Kansas City, MO, Angelus Press, 2007; original francês: *J'accuse le Concile!* Paris, Éditions Saint-Gabriel, 1976.

[12] Ver TRACY, *Toward Vatican III*; MELLONI, Alberto. Breve guida ai giudizi sul concilio. In: MELLONI, Alberto; RUGGIERI, Giuseppe (ed.). *Chi ha paura del Vaticano II?* Roma, Carocci, 2009, p. 107-45.

sencadeou um novo impulso para a recepção do Vaticano II por um bispo de Roma, que, como bispo de Cracóvia, fora muito ativo na comissão de redação da constituição pastoral *Gaudium et spes*, e mais tarde como autor de um volumoso comentário sobre o concílio.[13]

Vaticano II: celebrado e posto em prática (1980-1990)

Nas décadas de 1980 e 1990, o debate sobre o Vaticano II concentrou-se nas contribuições da academia e começou a ser mais influenciado pela política doutrinal da Santa Sé, especialmente pelo Papa João Paulo II e pelo cardeal Joseph Ratzinger, Prefeito da Congregação para a Doutrina da Fé (nomeado em 1981). Ambos participantes de primeira linha no Vaticano II – o primeiro um proeminente bispo da Polônia (o país mais católico do bloco da Europa Oriental sob controle soviético) e o segundo um conselheiro teológico do cardeal Frings da Colônia (um dos mais importantes bispos alemães e um corajoso crítico da Cúria Romana durante os debates na *aula* de São Pedro) –, deram forma a uma política complexa e, às vezes, contraditória sobre a herança do concílio e seu significado para o catolicismo contemporâneo.

Depois da interpretação teológica do Vaticano II que ocorreu na recodificação do Código Canônico, que levou ao Código de 1983,[14] João Paulo II reuniu uma assembleia extraordinária do Sínodo de Bispos em 1985, no vigésimo

---

[13] Ver WOJTYLA, Karol (Papa João Paulo II). *Sources of Renewal:* The Implementation of the Second Vatican Council. Trad. P. S. Falla, San Francisco, Harper & Row, 1980. Original polonês: *U podstaw odnowy. Studium o realizacji Vaticanum II.* Cracóvia, PTT, 1972.

[14] Cf. CORECCO, Eugenio. Aspects of the Reception of Vatican II in the Code of Canon Law. In: ALBERIGO, Giuseppe; JOSSUA, Jean-Pierre; KOMONCHAK,

aniversário do fim do concílio, para superar a polarização e obter consenso maior. As conclusões do sínodo deram ao debate algumas orientações para a interpretação do concílio, sem questionar as riquezas do Vaticano II, nem seu papel-chave para o futuro da Igreja católica. No relatório final, o sínodo afirmou que:

> [...] o concílio é uma expressão e interpretação legítima e válida do depósito da fé assim como se encontra na Sagrada Escritura e na tradição viva da Igreja. Por isso estamos decididos a progredir no caminho indicado a nós pelo concílio. [Todavia, o sínodo reconheceu] deficiências e dificuldades na aceitação do concílio. Na verdade, houve certamente sombras no período pós-concílio, em parte devido a uma compreensão e aplicação incompleta do concílio, em parte, a outras causas. No entanto, de modo algum se pode afirmar que tudo o que aconteceu depois do concílio foi causado pelo concílio.[15]

Em relação à questão de como interpretar o Vaticano II, o sínodo foi resoluto em explicar que "não é lícito separar o caráter pastoral do vigor doutrinal dos documentos. Da mesma forma, não é legítimo separar o espírito e a letra do concílio".[16] Sobre as relações entre esses documentos, o sínodo não estabeleceu uma hierarquia clara:

> A interpretação teológica da doutrina conciliar deve dar atenção a todos os documentos, em si mesmos e na sua inter-relação íntima, de tal maneira que o sentido integral das afirmações do concílio – frequentemente muito complexas – poderia ser entendido e expresso. [No entanto]

Joseph (ed.). *The Reception of Vatican II*. Washington, DC, Catholic University of America Press, 1985, p. 249-96.

[15] *Relatório final do Sínodo Extraordinário de 1985*, I.2 e I.3 [esse *Relatório* está disponível na Internet].

[16] Ibid. I.5.

especial atenção deve ser prestada às quatro principais Constituições do concílio, que contêm a chave interpretativa para os outros Decretos e Declarações.[17]

Quanto à questão da continuidade-descontinuidade, o sínodo não tomou uma posição a favor ou contra "escolas" teológicas ou historiográficas, mas reafirmou a relação complexa entre tradição e transição na teologia católica,[18] dizendo que "o concílio deve ser entendido em continuidade com a grande tradição da Igreja, e ao mesmo tempo devemos receber luz da própria doutrina do concílio para a Igreja de hoje e para os homens do nosso tempo. A Igreja é una e a mesma através de todos os concílios".[19]

A orientação complexa e às vezes contraditória de João Paulo II acerca do Vaticano II, a sua decisão de reunir o sínodo de 1985 e o resultado geral do sínodo para o estado do debate sobre o Vaticano II foram um tanto ofuscados pelo *Relatório de Ratzinger*, uma entrevista em forma de livro com Ratzinger sobre a situação da Igreja, planejado para ser publicado na abertura do sínodo. *O relatório de Ratzinger* visava exercer pressão sobre os bispos e a opinião pública a fim de argumentar a favor de uma reconsideração da abordagem do Vaticano II e indicar a responsabilidade do concílio na crise do catolicismo depois do Vaticano II.[20] Apesar disso, o sínodo ofereceu aos

---

[17] Ibid.

[18] Ver O'MALLEY, John W. *Tradition and Transition:* Historical Perspectives on Vatican II. Wilmington, DE, M. Glazier, 1989.

[19] *Relatório final*, I.5.

[20] RATZINGER, Joseph Cardinal (com Vittorio Messori). *The Ratzinger Report:* An Exclusive Interview on the State of the Church. Trad. Salvatore Attanasio e Graham Harrison. San Francisco, Ignatius Press, 1985. A entrevista foi traduzida para o português e publicada em livro: *A fé em crise? O Cardeal Ratzinger se interroga*. Tradutor: Fernando José Guimarães. São Paulo, EPU, 1985.

teólogos e historiadores uma oportunidade para refletir sobre a recepção do Vaticano II vinte anos depois de sua conclusão. A publicação de importantes coleções de estudos entre 1985 e 1987 mostrou uma óbvia pluralidade de opiniões e algumas diferenças entre bispos e estudiosos, mas não necessariamente uma inexorável tensão e oposição entre diferentes hermenêuticas do Vaticano II.[21]

Ao mesmo tempo, a política doutrinal da Santa Sé acerca de algumas questões-chave do Vaticano II, como a eclesiologia, começou a desdobrar-se a partir de meados da década de 1980, tanto por parte da Congregação para a Doutrina da Fé como da Comissão Teológica Internacional da Santa Sé. A primeira publicou uma nova profissão de fé em 1º de março de 1989 para os que eram chamados a exercer um ofício em nome da Igreja (como vigários gerais, vigários episcopais, reitores de seminário, professores de teologia e filosofia em seminários e universidades católicas, e superiores em institutos religiosos clericais e sociedades de vida apostólica). Além disso, a Congregação para a Doutrina da Fé também publicou uma carta aos bispos acerca da "eclesiologia da comunhão" (*Communionis notio*, 28/03/1992), bem como a "Declaração sobre a Unicidade e Universalidade Salvífica de Jesus Cristo e da Igreja" acerca da relação entre Cristo, a Igreja e as religiões

---

[21] Ver STACPOOLE, Alberic (ed.). *Vatican II Revisited: By Those Who Were There*. Minneapolis, MN, Winston Press, 1986. ALBERIGO, Giuseppe; JOSSUA, Jean Pierre, KOMONCHAK, Joseph (ed.). *The Reception of Vatican II*. Washington, DC, Catholic University of America Press, 1987. GREINACHER, Norbert; KÜNG, Hans (ed.), *Katholische Kirche, wohin?* Wider den Verrat am Konzil. Munich, Pipper, 1986. O'CONNELL, Timothy E. (ed.). *Vatican II and Its Documents:* An American Reappraisal. Wilmington, DE, Michael Glazier, 1986. LATOURELLE, René (ed.). *Vatican II: Assessment and Perspectives*. Twenty-five Years After (1962-1987). 3 vols. New York/Mahwah, NJ, Paulist Press, 1988-89. RICHARD, Lucien com Daniel T. Harrington e John W. O'Malley (ed.). *Vatican II, The Unfinished Agenda*: A Look to the Future. New York/Mahwah, NJ, Paulist Press, 1987.

não cristãs (*Dominus Iesus*, 06/08/2000). Elas marcaram dois outros passos na recepção romana do Vaticano II. Do ponto de vista da governança pós-Vaticano II da Igreja católica, a própria constituição apostólica de João Paulo II, *Apostolos suos* (21/05/1998), sobre o *status* e a autoridade das conferências episcopais, reforçou uma das suposições básicas da Comissão Teológica Internacional dirigida pelo Cardeal Ratzinger, ou seja, a necessidade de diminuir alguns aspectos da descentralização pós-Vaticano II e o poder das conferências episcopais nacionais. Parecia que o poder estava sendo recuperado pela cabeça da Igreja em Roma às custas do corpo da Igreja pelo mundo afora.

Vaticano II: historicizado (1990-2000)

Apesar da política doutrinária de João Paulo II sobre os teólogos católicos, a onda mais importante de estudos e pesquisa sobre o Vaticano II começou no final da década de 1980 e início de 1990. Numa conferência internacional no Centre Sèvres em Paris, em dezembro de 1988, Giuseppe Alberigo iniciou a empreitada que teve a sua conclusão em 2001 com a *História do Vaticano II* em cinco volumes, publicada depois em sete línguas.[22] Tomando como ponto de partida as primeiras fontes editadas por Mons. Vincenzo Carbone nas *Acta et Documenta* e nas *Acta Synodalia*,[23]

---

[22] ALBERIGO, Giuseppe (ed.). *History of Vatican II*. 5 vols. Versão inglesa por Joseph A. Komonchak (ed.). Louvain, Peeters, 1995-2006; Maryknoll, NY, Orbis, 1995-2006. [Versão brasileira: *História do Concílio Vaticano II*. Petrópolis, Vozes, 1995.]

[23] Os documentos oficiais dos organismos do Vaticano II (das comissões, assembleias gerais) e dos participantes foram publicados nas *Acta et documenta Concilio Oecumenico Vaticano II apparando. Series I – Antepraeparatoria*. Cidade do Vaticano, Typis Polyglottis Vaticanis, 1960-1961; *Series II – Praeparatoria*. Cidade do Vaticano, Typis Polyglottis Vaticanis, 1964-1994. *Acta Synodalia Sacrosancti Concilii Oecumenici Vaticani II*. Cidade do Vaticano, Typis Polyglottis Vaticanis, 1970-1999.

bem como os primeiros comentários,[24] estudos histórico-críticos dos textos,[25] matérias jornalísticas, relatos pessoais e abordagens sociológicas ao acontecimento do Vaticano II,[26] Alberigo encabeçou uma rede internacional de estudiosos (teólogos e historiadores da Europa, América do Norte e América Latina, todos trabalhando juntos), dando os primeiros passos para uma história abrangente do Vaticano II. Não se pretendia uma nova série de comentários sobre os documentos finais, mas uma reconstrução acadêmica do concílio como um acontecimento histórico numa obra em vários volumes que fosse paralela, mas independente, de algumas sínteses importantes,[27] e atas de

---

[24] *Das Zweite Vatikanische Konzil. Konstitutionen, Dekrete und Erklärungen lateinisch und deutsch Kommentare* (Lexikon für Theologie und Kirche), 3 vols. Freiburg, Herder, 1966-68; versão inglesa: *Commentary on the Documents of Vatican II*, 5 vols., editado por Herbert Vorgrimler, Lalit Adolphus, Kevin Smyth, e Richard Strachan (trads.), London: Burns & Oates; New York: Herder & Herder, 1967-1969.

[25] Ver ALBERIGO, Giuseppe; MAGISTRETTI, Franca. *Constitutionis dogmaticae Lumen Gentium Synopsis Historica.* Bologna, Istituto per le scienze religiose, 1975. ACERBI, Antonio. *Due ecclesiologie:* ecclesiologia giuridica et ecclesiologia di comunione nella *Lumen gentium.* Bologna, Edizioni Dehoniane, 1975.

[26] CAPORALE, Rock. *Vatican II: Last of the Councils*, prefácio por John J. Wright. Baltimore: Helicon, 1964. CAPRILE, Giuseppe. *Il Concilio Vaticano II*, 5 vols. Roma, Civiltà Cattolica, 1966-68. CONGAR, Yves. *Vatican II. Le concile au jour le jour* (4. vols.). Paris, Cerf, 1963-66. FESQUET, Henri. *Le journal du Concile.* Forcalquier, Morel, 1966. LAURENTIN, René. *L'enjeu du Concile.* Paris, Seuil, 1962. Id. *Bilan du Concile Vatican II.* Paris, Seuil, 1967. ROUQUETTE, René. *La fin d'une chrétienté.* Chroniques (2 vols.) Paris, Cerf, 1968. WENGER, Antoine. *Vatican II* (4 vols.) Paris, Centurion, 1963-66. WILTGEN, Ralph. *The Rhine Flows into the Tiber.* New York, Hawthorn Books, 1967; Rockford, IL, Tan Books, 1985. Ver também RYNNE, Xavier. *Letters from Vatican City:* Vatican Council II (First Session). Background and Debates. New York, Farrar, Straus & Giroux, 1963; Id. *The Second Session.* New York, Farrar, Straus & Giroux, 1964; Id. *The Third Session.* New York, Farrar, Straus & Giroux, 1965; Id. *The Fourth Session.* New York, Farrar, Straus & Giroux, 1966. Para uma versão revisada dos livros anteriores de Rynne sobre todas as quatro sessões do Concílio Vaticano II, ver *Vatican Council II.* Maryknoll, NY, Orbis, 1999.

[27] Para sínteses, ver AUBERT, René. *The Church in a Secularized Society.* New York, Paulist Press; London, Darton, Longman and Todd, 1978. PESCH, Otto Hermann *Das Zweite Vatikanische Konzil, 1962-1965*: Vorgeschichte, Verlauf, Ergebnisse, Nachgeschichte. Würzburg, Echter, 1993.

conferências internacionais sobre o Vaticano II que ocorreram depois do Sínodo Extraordinário de 1985.[28]

A *História do Vaticano II* representou uma importante exploração acadêmica e historiográfica do debate sobre o Vaticano II. Por um lado, o empreendimento, coordenado por Giuseppe Alberigo e pela Fundação João XXIII para Estudos Religiosos em Bologna, exigiu um grande esforço de busca pelo mundo inteiro de arquivos desconhecidos e intocados de fontes primárias e de acesso às fontes oficiais (fontes inéditas como as atas da fase preparatória, atas das comissões e comitês conciliares, e relatórios e cartas entre os vários órgãos do concílio), que a Santa Sé tinha no arquivo sobre o Vaticano II.[29] Por outro lado, o caráter internacional e multidisciplinar da equipe trouxe ao debate sobre o Vaticano II muitas questões novas, novas publicações e lugares para comparar perspectivas, novos resultados e pistas de pesquisa.[30] Os princípios hermenêuticos fundamentais que guiaram Alberigo na empreitada foram a ideia do concílio como "acontecimento", a intenção de João XXIII ao anunciar o concílio, a natureza pastoral do concílio, o *aggiornamento* como a principal meta do concílio e a importância de transigir na compreensão dos documentos finais do concílio.[31]

---

[28] Ver *Le Deuxième concile du Vatican (1959-1965)*. Roma, Ecole Française de Rome, 1989. KLINGER, Elmar; WITTSTADT, Klaus (ed.). *Glaube im Prozess: Christsein nach dem II Vatikanum: Für Karl Rahner*. Freiburg, Herder, 1984. LATOURELLE, René (ed.) *Vatican II: Assessment and Perspectives: Twenty-five Years After (1962-1987)*. New York/Mahwah, NJ, Paulist Press, 1988-1989. WEISS, Wolfgang (ed.) *Zeugnis und Dialog: die Katholische Kirche in der neuzeitlichen Welt und das II. Vatikanische Konzil*. Würzburg, Echter, 1996.

[29] Ver FAGGIOLI, Massimo; TURBANTI, Giovanni. *Il concilio inedito: fonti del Vaticano II*. Bologna, Il Mulino, 2001.

[30] FAMEREE, Joseph. Vers une histoire du Concile Vatican II. *Revue d'Histoire Ecclesiastique* n. 89, p. 638-41, 1994. GREILER, Alois. *Ein Internationales Forschungsprojekt zur Geschichte des Zweitens Vatikanums*. In: *Zeugnis und Dialog*, 571-78.

[31] ALBERIGO, Giuseppe. Criteri ermeneutici per una storia del Vaticano II. In: ALBERIGO, Giuseppe (ed.) *Il Vaticano II fra attese e celebrazione*. Bologna, Il

A *História do Vaticano II* em cinco volumes foi cercada e seguida por muitos outros volumes produzidos e publicados pela mesma equipe internacional, tomando como foco constituições e decretos individuais e questões específicas debatidas no concílio.[32] O resultado mais importante, porém, foi a difusão e animação do debate internacional sobre o Vaticano II na América Latina,[33] Europa,[34] América do Norte,[35] e no mundo todo,[36] em jornais e revistas, e entre teólogos, historiadores, leigos e leigas.

Uma das primeiras coleções de comentários sobre os documentos finais do Vaticano II apareceu logo após

---

Mulino, 1995, p. 12-23; agora em ALBERIGO, Giuseppe. *Transizione epocale.* Studi sul concilio Vaticano II. Bologna, Il Mulino, 2009, p. 29-45.

[32] Para alguns desses outros títulos, especialmente nas coleções "Testi e richerche di scienze religiose dell'Istituto per le scienze religiose di Bologna" e "Instrumenta theologica Bibliotheek van der Faculteit Godgeleerdheid" em Louvain (Bélgica), ver FAGGIOLI, Massimo. Concilio Vaticano II: bollettino bibliografico (2000-2002); Concilio Vaticano II: bollettino biblografico (2002-2005). *Cristianesimo nella Stori*, n. 26/3, p. 743-67, 2005; Council Vatican II: Bibliographical Overview 2005-2007. *Cristianesimo nella Storia*, n. 29/2, p. 567-610, 2008.

[33] BEOZZO, José Oscar (ed.) *Cristianismo e Iglesias de América Latina en vísperas del Vaticano II.* San José, Costa Rica: Cehila, 1992. Ver também BEOZZO, *A Igreja do Brasil no Vaticano II, 1959-1965.* São Paulo, Paulinas; Rio de Janeiro, Educam, 2005.

[34] KAUFMANN, Franz-Xaver; ZINGERLE, Arnold. (ed.) *Vaticanum II und Modernisierung.* Historische, theologische und soziologische Perspektiven. Paderborn, Schöningh, 1996. HÜNERMANN, Peter (ed.). *Das II. Vatikanum. Christlicher Glaube im Horizont globaler Modernisierung: Einleitungsfragen.* Paderborn, Schöningh, 1998. ARNOLD, Claus; WOLF, Hubert (eds.). *Die deutschsprachigen Länder und das II. Vatikanum.* Paderborn, Schöningh, 2000.

[35] Ver, por exemplo, KOMONCHAK, Joseph A. Vatican II as Ecumenical Council. *Commonweal,* 22 nov. 2002. Ver também o debate entre Dulles e O'Malley, que apareceu em *America*: DULLES, Avery. Vatican II: The Myth and the Reality, p. 7-11; O'MALLEY, John W. The Style of Vatican II, p. 12-15, ambos em *America* 24 fev. 2003. Também DULLES, Avery. Vatican II: Substantive Teaching, p. 14-17, e O'MALLEY, John W. Vatican II: Official Norms, p. 11-14, ambos em *America*, 31 mar. 2003.

[36] Ver, por exemplo, RUSH, Ormond. *Still Interpreting Vatican II*: Some Hermentuical Principles. New York/Mahwah, NJ, Paulist Press, 2004, e a série de artigos publicados entre 2001 e 2005 por MURPHY, Jeffrey J. *The Australasian Catholic Record.*

o concílio: o livro em três volumes *Zweite Vatikanische Konzil, Dokumente und Kommentare*, publicado na série *Lexikon für Theologie und Kirche* entre 1966 e 1968.[37] Depois da obra de Alberigo, o teólogo Peter Hünermann, de Tübingen, lançou o seu próprio projeto principal de comentários, que visava substituir a obra anterior em três volumes. Em contraste com a *História do Vaticano II* em cinco volumes de Alberigo, o *Kommentar zum Zweiten Vatikanischen Konzil* em cinco volumes de Hünermann foi um projeto inteiramente custeado e produzido pelo mundo de fala alemã,[38] mas queria dar à comunidade teológica internacional uma importante contribuição sobre o concílio quarenta anos depois de seu término.

Rumo a uma nova luta sobre o Vaticano II?

O quadragésimo aniversário da conclusão do Vaticano II em 2005 não teve nenhum impacto importante no debate teológico acerca do concílio. O ano foi marcado mais pela morte de João Paulo II, pelo conclave e pela eleição de Bento XVI. Mas a morte de João Paulo II – o último bispo participante do concílio a ser eleito bispo de Roma – e a eleição de Bento XVI constituíram sem dúvida alguma dois elementos importantes na ampla paisagem teológica e eclesiástica do debate sobre o Vaticano II nos últimos cinco anos.

---

[37] BRECHTER, Heinrich Suso (ed.). *Zweite Vatikanische Konzil, Dokumente und Kommentare*. Freiburg, Herder, 1966-68 (edição inglesa publicada como *Commentary on the Documents of Vatican II*, ed., Herbert Vorgrimler, trad. de Lalit Adolphus, Kevin Smyth e Richard Strachan. London, Burns & Oates; New York, Herder & Herder, 1967-69).

[38] HÜNERMANN, Peter; HILBERATH, Bernd Jochen (ed.). *Herders theologischer Kommentar zum Zweiten Vaticanischen Konzil* (5 vols.) Freiburg, Herder, 2004-2006. HÜNERMANN, Peter (ed.). *Das Zweite Vatikanische Konzil und die Zeichen der Zeit heute*. Freiburg, Herder, 2006.

A mudança no pontificado também alimentou a disputa jornalística e política acerca da história e do legado do Vaticano II, e não apenas o debate historiográfico e teológico. Desde que foi eleito em 2005, durante o quadragésimo aniversário do término do Vaticano II, Bento XVI publicou ensinamentos que renovaram de maneira crescente as análises tanto eclesiásticas como públicas sobre o concílio, as quais estiveram ligadas com a questão acerca do legado do Vaticano II na vitalidade da Igreja católica contemporânea e seu impacto no mundo ocidental.

Depois de seu discurso à Cúria Romana em dezembro de 2005, a Congregação para a Doutrina da Fé publicou o documento "Respostas a questões relativas a alguns aspectos da doutrina da Igreja" (29 de junho de 2007) sobre a eclesiologia e interpretação de *"subsistit in"* (*Lumen gentium* 8), que contribuiu para a percepção de uma nova época. O magistério de Bento XVI reacendeu um debate sobre o papel considerado pacífico do Vaticano II na Igreja católica, deixando a impressão de uma "atitude crítica" (senão "política crítica") de Roma para com o concílio.[39]

O seu *motu proprio* de 2007 sobre liturgia, *Summorum Pontificum*, que permitia uso mais amplo da missa tridentina em latim, e a sua suspensão da excomunhão, em 2009, dos quatro bispos sagrados por Marcel Lefebvre, colocaram em foco uma nova espécie de atenção sobre o concílio e criaram uma situação que está levando a uma nova compreensão de sua importância. O debate sobre o sentido do concílio entrou numa nova fase. A tentativa do

---

[39] SULLIVAN, Francis A. Response to Karl Becker SJ on the Meaning of *Subsistit in*. *Theological Studies*, n. 67/2 (jun. 2006), p. 395-409. SULLIVAN, Francis A. *Quaestio disputata*. The Meaning of *Subsistit in* as explained by the Congregation for the Doctrine of Faith. *Theological Studies* n. 69/1 (2008), p. 116-24.

Papa Bento XVI de reabsorver esse cisma revelou que o Vaticano II representa para a Igreja católica do século XXI mais do que uma orientação para o futuro, que é o que João Paulo II desejava em sua encíclica *Novo millennio ineunte* (2001). O Vaticano II parece ter sido aceito muito mais profundamente fora das fronteiras do catolicismo, especialmente as declarações *ad extra* do concílio (sobre ecumenismo, relação com os judeus, liberdade religiosa e Igreja e o mundo moderno), ao passo que dentro da Igreja católica o debate sobre a interpretação das questões-chave do Vaticano II (especialmente a relação entre tradição, *ressourcement* e *aggiornamento*) parece estar longe do fim.

Em todo caso, a polêmica e o debate reaceso provaram que são úteis à medida que animaram um novo interesse pela hermenêutica do Vaticano II, fazendo eco a um argumento enraizado na hermenêutica do concílio em seus "documentos" finais em oposição ao seu "espírito", e abrindo espaço para novos estudos que se concentram sobre o que aconteceu no Vaticano II.[40]

---

[40] THEOBALD, Christoph (ed.). *Vatican II sous le regard des historiens.* Paris, Médiasèvres, 2006. BULMAN, Raymond F.; PARRELLA, Frederick J. (ed.). *From Trent to Vatican II:* Historical and Theological Investigations. Oxford-New York, Oxford University Press, 2006. SCHULTENOVER, David G. (ed.). *Vatican II:* Did Anything Happen? New York-London, Continuum, 2007. O'MALLEY, John W. *What Happened at Vatican II.* Cambridge, MA, Belknap Press, 2008. Para uma interpretação reducionista do concílio, ver LAMB, Matthew L.; LEVERING, Matthew (ed.). *Vatican II: Renewal within Tradition.* Oxford-New York, Oxford University Press, 2008.

Capítulo 2

Questionando a legitimidade do Vaticano II

Extremismos opostos

Tornou-se comum afirmar que os primeiros anos da história da recepção do Vaticano II foram marcados por entusiasmo e logo se seguiu uma sensação de desapontamento entre os que eram mais entusiasmados. Esse desapontamento, presumivelmente por causa da lentidão e indecisão em implantar as reformas pretendidas pelo Vaticano II na vida da Igreja, definiu de alguma maneira os principais sentimentos de muitos teólogos do Vaticano II em relação ao concílio. A caracterização tornou-se tão eficaz que o próprio Vaticano II foi, algumas vezes, rotulado, especialmente pelos católicos liberais, como desapontamento, longe das intenções dos teólogos do concílio. O sentimento tornou-se uma atitude-padrão em algumas áreas da teologia católica pós-Vaticano II, que aceitavam o concílio, mas, afinal, também o olharam como um desapontamento por quebrar algumas de suas promessas.

Entretanto, nos anos recentes, católicos tradicionalistas – ou seja, desde os extremos dos "sedevacantistas" (que dizem que a sé papal tem estado vacante desde a morte de Pio XII, em 1958, ou de João XXIII, em 1963) até os mais moderados defensores da missa em latim – se tornaram muito mais francos em denunciar o concílio como sinônimo de desastre e caos na Igreja. A sua visão negativa dos resultados da reforma litúrgica pode ser aplicada aos principais acontecimentos do Vaticano II (eclesiologia, ecumenismo, liberdade religiosa e Igreja e mundo moderno) sem alterar o seu nível de ultraje.

Agora o Vaticano II parece ter ficado à margem, especialmente quando se considera que a geração de bispos e teólogos que tomaram parte no Vaticano II saiu de cena, e a geração mais jovem de católicos não parece interessada em entender a mensagem que o Vaticano II pode levar ao futuro da Igreja. Mas essa maneira de ler o debate segundo extremismos opostos é certamente enganosa, se considerarmos as diferentes raízes teológicas e culturais dos intérpretes do Vaticano II. Elas são mais profundas que "entusiasmo" e "desapontamento".

O primeiro par de pontos de vista opostos a considerar com relação ao debate sobre o Vaticano II – tanto de um ponto de vista cronológico como lógico – diz respeito à própria legitimidade do concílio e à aceitação de seus ensinamentos e efeito na Igreja. Os católicos conservadores apresentam como autoevidente o pressuposto de que a "crise" na Igreja católica foi causada por uma vanguarda de teólogos radicais do Vaticano II dispostos a ir além do concílio a fim de preparar a ruptura final com a tradição da Igreja, mediante um apelo ao "Vaticano III". Na verdade, podemos ver que, nos cinquenta e cinco anos de história do debate sobre o Vaticano II, o verdadeiro desafio à legitimidade do concílio não veio das fileiras dos teólogos que o tornaram possível, mas de uma pequena periferia da "minoria conciliar" mais ampla. Essa periferia não contestava os efeitos da recepção do concílio, mas a própria existência do Vaticano II como um concílio legítimo na tradição da Igreja.

Vaticano II: um concílio de reforma

Na primeira década que se seguiu à conclusão do concílio em 1965, algo estava acontecendo. Nesse período, "numerosos livros e artigos apareceram com títulos que indicavam que algo mais do que *reforma* estava a caminho",[1] e no congresso de 1970 realizado pela revista *Concilium* em Bruxelas, o lema para o futuro era "além do concílio".[2] Durante esse mesmo período, porém, a vasta maioria de bispos e teólogos católicos ainda estava muito envolvida em comentar e aplicar os textos do Vaticano II. Essa maioria, composta de representantes de uma recepção "reformista" dos documentos conciliares, não mostrou a atitude "revolucionária" da qual foram censurados pela pequena minoria tradicionalista, e que são agora censurados pelos movimentos católicos neotradicionalistas.

Longe de serem radicais em sua interpretação do Vaticano II na primeira década após o concílio, alguns dos bispos e teólogos mais importantes ativos na recepção do Vaticano II pediram uma reforma da Igreja de acordo com os documentos do concílio. Ocupava o primeiro lugar nas mentes dos reformadores o término da reforma litúrgica, a implementação da colegialidade à luz da nova eclesiologia, a limitação do jurisdicismo na Igreja, a reforma da Cúria Romana, a abertura ao mundo moderno e o aprofundamento do diálogo ecumênico.

Como no Concílio de Trento quatro séculos antes, os primeiros reformadores foram os bispos do Vaticano II, a verdadeira força motriz do concílio. Nomeados por Pio

---

[1]　KOMONCHAK, Joseph. Interpreting the Council. In: WEAVER, Mary Jo; APPLEBY, R. Scot (ed.). *Being Right:* Conservative Catholics in America. Bloomington, Indiana University Press, 1995, p. 17-36, citação na p. 21.

[2]　Ver *L'avvenire della chiesa*, Bruxelas, 1970. *Il libro del congresso*, Brescia, Queriniana, 1970.

XI e Pio XII e temperados pela Segunda Guerra Mundial e pela Guerra Fria, os bispos do Vaticano II certamente não temiam o desafio de implementar o concílio em suas dioceses e na Igreja universal, nem temiam debater com Paulo VI sobre a aplicação de alguns aspectos mais delicados do concílio. Em sua entrevista nas *Informations Catholiques Internationales*, em 1969, o cardeal Leo Jozef Suenens indicou a necessidade de uma verdadeira colegialidade na Igreja e sublinhou as deficiências do novo Sínodo dos Bispos.[3] Como Suenens, os bispos católicos no mundo inteiro, em suas dioceses e nas conferências episcopais nacionais, trabalhavam na recepção do concílio e nunca questionavam a necessidade de partir de seus documentos a fim de compreender o espírito do concílio e fazer dele uma tradição da Igreja.

Yves Congar apresenta bem a atitude dos teólogos do Vaticano II junto com os bispos, e talvez seja o teólogo mais importante a olhar para os antecedentes teológicos e a redação dos documentos do concílio. Em 1975, por ocasião do décimo aniversário da conclusão do concílio, Congar afirmou que dois fatores eram importantes na recepção do Vaticano II: "é necessário (1) ter uma sensibilidade histórica e (2) levar em conta o tempo, tendo o senso do prazo necessário para entender, desenvolver, aplicar e amadurecer as coisas. É necessário dar a nós mesmos o tempo para digerir o Vaticano II. Um Vaticano III ou um Jerusalém II? Não tão depressa!".[4]

---

[3] A entrevista de Leo Jozef Suenens está em *Informations Catholiques Internationales* (15 maio 1969). Ver BROUCKER, José de. *The Suenens Dossier:* The case for Collegiality. Notre Dame, IN, Fides Publishers, 1970.

[4] CONGAR, Yves. Les lendemains de conciles. *Documents-épiscopat* (10 maio 1975), republicado em: CONGAR, Yves. *Le Concile de Vatican II*. Paris, Beauchesne, 1984, p. 99-107, citação na p. 107.

Outros teólogos e historiadores profundamente engajados nos debates conciliares durante e depois do Vaticano II apresentaram uma noção semelhante numa conferência internacional sobre "preparação para o Vaticano III" realizada na Universidade de Notre Dame em 1977. Na carta-convite, o presidente de Notre Dame, Padre Theodore M. Hesburgh, CSC, chamou a atenção para que a finalidade da conferência era simplesmente ver que pesquisa acadêmica ainda precisava ser feita para compreender o Vaticano II: "O encontro não pretende ser um pedido de um 'Vaticano III' – um título que pretende ser simbólico –, mas traçar a pesquisa acadêmica em teologia e nas ciências sociais que precisa ser feita antes que a Igreja possa chegar em seu próximo momento decisivo".[5]

Os historiadores e teólogos que falaram em Notre Dame representavam a tendência predominante do catolicismo do Vaticano II, e apresentaram um caminho corajoso, mas realista, para o futuro da Igreja, inspirando-se no concílio. O teólogo suíço Hans Küng (professor em Tübingen, Alemanha, nessa época) não parecia estar tão desapontado com a recepção dos resultados do Vaticano II na primeira década depois de 1965, quanto ao modo como estava sendo conduzido: "O público católico hoje corre o risco de esquecer os acontecimentos teológicos e práticos da década passada. Eles precisam ser levados de volta à consciência pública. Desse modo, os responsáveis pelas tomadas de decisão na Igreja podem se confrontar de novo com a situação da pesquisa teológica e da prática ecumênica".[6] O historiador italiano Giuseppe Alberigo (o

---

[5] HESBURGH, Theodore M. Letter of Invitation. In: TRACY, David (ed.), com Hans Küng e Johan B. Metz. *Toward Vatican III:* The Work That Needs to Be Done. Nijmegen, Concilium; New York, Seabury Press, 1978, p. 3.

[6] KÜNG, Hans. Vatican III: Problems and Opportunities for the Future. In: *Toward Vatican III*, p. 68-69.

presidente da escola de Bologna) exprimiu a sua perplexidade com relação à necessidade e a viabilidade de um "Vaticano III": "Se a Igreja católica celebrasse um novo concílio geral, se poderia legitimamente temer que constituísse uma ocasião mais de regressão do que de progresso, na medida em que ele quase inevitavelmente acentuaria aqueles aspectos específicos do catolicismo, com o resultado de ampliar a distância e aumentar a incompreensão em relação às outras tradições".[7]

A fidelidade ao Vaticano II por parte da teologia católica dominante significava antes uma atividade não dramática para professores de universidades e seminários, que desde 1966 transformaram os seus cursos de teologia sacramental, de eclesiologia e de antropologia. Mas não evitou dificuldades no processo de recepção dos documentos do concílio e nos desafios filosóficos, teológicos e políticos subjacentes à letra das constituições, decretos e declarações do Vaticano II. Houve também rachaduras e tensões nas fileiras dos líderes do concílio. A encíclica *Humanae vitae* de Paulo VI (1968), o livro de Jacques Maritain *Le Paysan de la Garonne*,[8] a demissão sem precedentes de um dos líderes do Vaticano II (cardeal Giacomo Lercaro, arcebispo de Bologna) e o desapontamento em relação à implementação do recém-criado Sínodo de Bispos representou, tudo junto, momentos importantes na difícil recepção do concílio. No entanto, também foram testemunhas da vitalidade da Igreja católica em seu debate sobre

---

[7] ALBERIGO, Giuseppe. For a Christian Ecumenical Council. In: *Toward Vatican III*, p. 57-66, citação na p. 58-59.

[8] MARITAIN, Jacques. *Le Paysan de la Garonne*. Un vieux laïc s'interroge à propos du temps présent. Paris, Desclée de Brower, 1966. Em inglês: *The Peasant of the Garonne*. An Old Layman Questions Himself about the Present Time (trad. de Michael Cuddihy e Elizabeth Hughes). New York, Holt, Rinehart and Winston, 1968.

como interpretar o Vaticano II, tomando como assentadas tanto a necessidade como a aceitação e interpretação dos seus documentos.

Os tradicionalistas: oposição e rejeição do concílio

Em oposição à atitude moderada e reformista representada por Paulo VI, o questionamento da legitimidade do Vaticano II criou a primeira descontinuidade verdadeira na recepção de um concílio geral no segundo milênio. Embora possa parecer paradoxal, os principais acusadores do Vaticano II como uma "ruptura" na tradição da Igreja eram os mesmos que produziram um cisma que não estava ligado à interpretação dos documentos do concílio, mas questionava a própria legitimidade do Vaticano II como um concílio na tradição da Igreja, seus concílios anteriores e o magistério papal.

Mesmo se o movimento tradicionalista se tornasse cada vez mais radical no final da década de 1970 e na de 1980, a oposição extrema ao concílio não esperou uma década após o final do Vaticano II para desautorizá-lo. A posição e os esforços incrementalistas e reformistas de Paulo VI para manter a unidade da Igreja em torno da "unanimidade moral", que aprovou os documentos na nave da basílica de São Pedro, não apaziguaram o pequeno grupo de bispos e teólogos que se tinham juntado depois do Vaticano II a pedido do arcebispo francês Marcel Lefebvre. Essa espécie de oposição, ou recepção negativa do Vaticano II, já tinha começado quando o concílio ainda estava longe de terminar.

A coexistência de uma maioria frente a frente com uma minoria de bispos constituía a mecânica política e teológica central do Vaticano II, pelo menos durante os debates e nas comissões do concílio entre 1962 e 1965.[9] A minoria opôs à direção do concílio documentos em todas as questões importantes: reforma litúrgica, renovação bíblica, uma eclesiologia "do povo de Deus", reforma da Cúria Romana, ecumenismo, liberdade religiosa e a Igreja e o mundo moderno.[10] A ideia de mudança na Igreja era o verdadeiro inimigo da minoria do concílio.

Os debates levaram a uma unanimidade prática nos votos dos bispos que aprovaram os documentos conciliares. A oposição a algumas afirmações centrais não desapareceu, mas parte da minoria conservadora ficou gradualmente convencida da necessidade de mudança na Igreja, ou foi convencida por Paulo VI da necessidade de ter os documentos conciliares aprovados por uma unanimidade moral dos bispos do Vaticano II. Um número considerável de bispos, entre eles alguns dos líderes da minoria conservadora (como o cardeal Giuseppe Siri e o cardeal Alfredo Ottaviani, secretário do Santo Ofício, cujo moto episcopal era, significativamente, *Semper idem* – "sempre o mesmo"), continuou a lutar após o Vaticano II por sua interpretação do concílio. Eles o viam como um acontecimento perigoso e potencialmente catastrófico para a Igreja católica, mas não organizaram imediatamente um grupo dissidente ou cismático. A grande parte da minoria conservadora permaneceu numa Igreja que estava mudando, principalmente porque não estava mudando tão dramaticamente quanto se temia.

---

[9] PHILIPS, Gerard. Deux tendances dans la théologie contemporaine. *Nouvelle Revue Théologique*, n. 85 (1963), p. 225-38. LEVILLAIN, Philippe. *La mécanique politique de Vaticain II*: la majorité et l'unanimité dans un concile. Paris, Beauchesne, 1975.

[10] Ver ALBERIGO, Giuseppe (ed.) *História do Vaticano II* (5 vols.). Versão inglesa editada por Joseph A. Komonchak. Louvain, Peeters, 1995-2006; Maryknoll, NY, Orbis, 1995-2006. [Versão brasileira: *História do Concílio Vaticano II*. Petrópolis, Vozes, 1995.]

Todavia, em outubro de 1964, durante a terceira sessão, alguns membros da minoria conservadora juntaram-se a alguns líderes, porta-vozes e um grupo informal de cerca de duzentos bispos de diferentes países – principalmente da América Latina, Itália e Espanha –, chamado Coetus Internationalis Patrum (Grupo Internacional de Padres) e fundamentalmente contestou a legitimidade do concílio depois de sua conclusão.[11] A oposição deles ao Vaticano II foi muito mais intensa e não podia ser satisfeita pela "redução pastoral" do concílio, um instrumento amplamente utilizado para minimizar o Vaticano II: rotulá-lo como um concílio meramente pastoral, e não dogmático, era uma maneira de reduzir a direção da mudança teológica do concílio a uma série de concessões meramente retóricas à linguagem moderna. Por isso, um pequeno grupo de bispos ultraconservadores preferiu rejeitar completamente o Vaticano II a apenas fazer oposição a ele. A posição deles formou a coluna da dissensão interna dentro da Igreja católica empenhada na recepção do Vaticano II.

Para conseguir isso, precisavam de uma narrativa do Vaticano II que oferecesse um elemento necessário na criação de grupos sectários de qualquer espécie: uma conspiração. Um fator considerável na mentalidade ideológica de rejeição do Vaticano II foi a criação do mito de uma "manobra norte-europeia", baseada no fato de que o maior e mais influente grupo no concílio era composto de padres e peritos da Alemanha, Áustria, Suíça, França, Holanda e Bélgica. O livro bem informado de Wiltgen *The Rhine*

---

[11] BUONASORTE, Nicla. *Tra Roma e Lefebvre*: il tradizionalismo cattolico italiano e il Concilio Vaticano II. Roma, Studium, 2003. PERRIN, Luc. Il "Coetus Internationalis Patrum" e la minoranza conciliare. In: FATTORI, Maria Teresa; MELLONI, Alberto (ed.). *L'evento e le decisioni*. Studi sulle dinamiche del concilio Vaticano II. Bologna, Il Mulino, 1997, p. 173-87.

Flows into the Tiber [*O Reno deságua no Tibre*] – foi usado pelos defensores da rejeição do Vaticano II, ainda que Wiltgen se distanciasse da mentalidade de conspiração: "[Os defensores] acusam que os dezesseis documentos do concílio foram corrompidos, invalidados até por grupos de pressão. Aparentemente ninguém era consciente de que a formação de grupos de pensamento no Vaticano II fosse um processo natural assim como é em outras assembleias legislativas".[12] De maneira bastante estranha, alguns dos líderes que rejeitaram o Vaticano II vieram dessa mesma parte da Europa.

Um teólogo ficou entre a oposição interna ao Vaticano II e a rejeição lefebvriana do concílio: Romano Amerio (1907-1997), nascido em Lugano, Suíça, mas de nacionalidade italiana. Amerio, consultor episcopal para a comissão preparatória central do Vaticano II (1960-1962) e perito durante o concílio para o bispo Angelo Giuseppe Jelmini (administrador apostólico de Lugano), publicou um livro em 1985 (no ano do Sínodo especial de bispos pelo vigésimo aniversário do Vaticano II) que se tornou muito popular nos grupos neotradicionalistas. Em *Iota Unum: Estudos sobre as transformações da Igreja no século XX*, Amerio dá uma interpretação do Vaticano II que o aproxima muito mais da rejeição do Vaticano II apregoada pelo cisma lebebvriano do que da onda neotradicionalista do catolicismo, que tão frequentemente se refere a ele. No primeiro capítulo, Amerio equipara essencialmente as palavras *mudança* e *crise*, optando por *mudança* ou transformação,

---

[12] WILTGEN, Ralph M. *The Rhine Flows into the Tiber*: A History of Vatican II. Rockford, IL, Tan Books, 1985; primeira edição: New York, Hawthorn Books, 1967, p. 1. O livro de Wiltgen serve como fonte básica para o livro de WHITEHEAD, Kenneth D. *The Renewed Church*: The Second Vatican Council's Enduring Teaching about the Church. Ave Maria, FL, Sapientia Press, 2009.

no subtítulo do livro, porque a palavra descreve melhor a longa duração da crise epocal em que o catolicismo do século XX se encontrou, sobretudo, por causa da mudança precipitada pelo Vaticano II. Um exame dos conteúdos do livro de Amerio prova que nada escapa de sua avaliação do Vaticano II como a culminação do modernismo do começo do século XX e sua corrupção de cada questão: sacramentos, sacerdócio, catequese, lei natural e ética, a Igreja e as mulheres, e escatologia.

Apesar da sua decisão de permanecer na Igreja católica depois do Vaticano II, e apesar de sua recente adoção por alguns círculos tradicionalistas próximos a Roma, a crítica de Amerio sobre o concílio não parou com a avaliação catastrófica da reforma litúrgica. O autor censura o Vaticano II por ter "ultrapassado o concílio que fora preparado" pela Cúria Romana, e ter acentuado – como muitos outros fizeram – o caráter ambíguo dos textos conciliares, que tornaram possível que "o espírito do concílio ultrapassasse o próprio concílio".[13]

O caso histórico de Amerio em relação ao Vaticano II, como o principal agente para a descontinuidade radical na tradição da Igreja, devido à continuidade entre modernismo e ensinamentos do Vaticano II, torna o seu ataque ao concílio

---

[13] AMERIO, Romano. *Iota Unum*: A Study of Change in the Catholic Church in the Twentieth Century (trad. de John P. Parson a partir da segunda edição italiana). Kansas City, MO, Sarto House, 1996, p. 99 [o livro tem 786 p.]. A primeira edição italiana foi em Milão, por R. Ricciardi, 1985; 3. ed. em 1989. A edição em francês foi publicada em Paris por Nouvelles éditions latines, 1987. *Iota Unum* foi reeditado na Itália em 2009 por dois diferentes editores: por Lindau, em Turim, ed. Enrico Maria Radaelli, prefácio do cardeal Dario Castrillon Hoyos, e por Fede e Cultura, em Verona. Nos Estados Unidos, a obra de Romano Amerio foi publicada por Angelus Press, a voz da Sociedade de São Pio X de Marcel Lefebvre. [A tradução espanhola está disponível na Internet – NT.] Outro exemplo dessa tendência de mentalidade ultraconservadora para Lefebvre é o livro *Il Concilio Vaticano II. Una storia mai scrita* de Roberto De Mattei (Torino, Lindau, 2010).

muito mais extremista do que outros. No epílogo do seu livro, "A mudança na Igreja como *hairesis*", Amerio oferece uma definição incisiva e clara do Vaticano II como heresia:

Para medir a profundidade, a velocidade das mudanças, é útil lembrar os enganosos diagnósticos e prognósticos formados nos anos do concílio em torno da unidade da fé. O cardeal Montini, arcebispo de Milão, na carta pastoral da quaresma de 1962, afirmava que "não existem hoje na Igreja erros, escândalos, abusos ou desvios a corrigir". E quando se tornou papa, afirmava em sua primeira encíclica *Ecclesiam suam* que "Atualmente já não se trata de extirpar da Igreja esta ou aquela heresia determinada ou certas desordens específicas. Graças a Deus elas não existem na Igreja".

As declarações de Paulo VI em sentido oposto, confessando a grave crise da Igreja, que recolhemos principalmente nos § 7-9 e 77-78, não apenas abrem uma questão de psicologia, mas também de hermenêutica, e até de teodiceia. Aqui, no entanto, pretendemos apenas assinalar a perda da unidade doutrinal. Embora não seja inteiramente verdadeira a afirmação do cardeal Suenens acerca da existência de um número impressionante de teses ensinadas em Roma antes do concílio como as únicas verdadeiras e que o concílio eliminou, continua sendo verdade que a voz uníssona se converteu em múltipla e dissonante.

Isto depende bastante mais da perda do princípio, que consiste na fé, do que de acidentais desentendimentos semeadores de variedade. É certo, como escrevia Paulo VI, que não há mais erros particulares que devam ser condenados: o erro a condenar é um erro de princípio, porque os erros particulares não estão ligados a uma máxima secundária qualquer da religião, mas fluem de um antiprincípio, que foi condenado por São Pio X sob o nome de modernismo.[14]

---

[14] Amerio, *Iota Unum*, § 321 [a tradução brasileira foi feita a partir da tradução espanhola disponível na Internet], na ed. em língua inglesa, p. 720-21.

A definição do Vaticano II como o momento último e final do modernismo do começo do século XX quase se tornou, no começo do século XXI, linguagem comum no movimento neotradicionalista dentro do catolicismo contemporâneo.[15] Dever-se-ia, porém, notar que essa visão do Vaticano II como a epítome de todas as heresias que atacam o catolicismo hoje é um sinal da rejeição do concílio na sua forma mais pura, porque provém – como os lefebvrianos – de dentro da Igreja católica.

O cisma lefebvriano e o Vaticano II

A oposição ao concílio tem várias faces (grupos, movimentos, correntes de pensamento, periódicos) espalhadas pelo mundo, mas com base na Europa, com algumas filiações norte e sul-americanas.[16] Numa ponta do espectro das atitudes tradicionalistas para com o Vaticano II estão os sedevacantistas, que afirmam que Roma está numa situação de *sede vacante* por causa da promulgação por Paulo VI das atas de um concílio que se opõe à tradição e é, portanto, cismático e herege. Acham que o Vaticano II se afastou da tradição e ensinou heresia. Na opinião deles, Paulo VI deixou formalmente de ser papa. Seus sucessores no papado, eleitos por cardeais nomeados por ele, foram eleitos invalidamente, e por isso as suas decisões

---

[15] Como exemplo dessa mentalidade, ver BOURMAUD, Dominique. *Cent ans de modernisme*. Généalogie du concile Vatican II. Étampes, Clovis, 2003; em inglês como *One Hundred Years of Modernism: A history of Modernism, Aristotle to the Second Vatican Council* (trad. de Brian Sudlow e Anne Marie Temple), Kansas City, MO, Angelus Press, 2006.

[16] Ver SIEBEL, Wigland. *Katolisch oder konziliar*. Die Krise der Kirche heute. Munich, Viena, Langen-Müller, 1978. Ver também os periódicos *Iesus Christus* (para a América Latina), *Convictions* (América do Norte), *La pensée catholique, Fideliter* (França), *Mitteilungsblatt* (Alemanha) e *Cristianità e Sì sì no no* (Itália).

não devem ser obedecidas. A visão assombrosa que os sedevacantistas têm do Vaticano II só é igual à sua irrelevância. Por outro lado, a oposição ao concílio também está presente em associações que professam obediência ao papa e aos bispos, mas que lutam por uma volta à Igreja pré-Vaticano II. Daniele Menozzi descreve esse fenômeno: "Entre estes dois extremos há uma ampla gama de tendências que estão em diálogo ou, mais frequentemente, em desacordo entre elas".[17]

O grupo mais famoso a denunciar o Vaticano II como herético é a Sociedade de São Pio X, fundada em 1970 pelo arcebispo Marcel Lefebvre (1905-1991). Ele declarou a sua rejeição ao Vaticano II e, em 1988, incorreu em excomunhão automática (*excommunicatio latae sententiae*) por ter sagrado bispos quatro padres de sua sociedade.[18] Lefebvre, ex-arcebispo de Dakar e superior-geral da Congregação do Espírito Santo, esteve intensamente envolvido com o concílio desde o seu começo. Nomeado por João XXIII como membro da comissão central preparatória, Lefebvre viu que a preparação da Cúria Romana para o concílio entre 1959 e 1960 fora criticada e desmantelada pela reação dos bispos do mundo inteiro antes do concílio.[19] Lefebvre

---

[17] MENOZZI, Daniele. Opposition to the Council. In: ALBERIGO, Giuseppe et alii. *The Reception of Vatican II*. Washington, DC, Catholic University of America Press, 1987, p. 325-48 (citação da p. 326).

[18] POULAT, Émile. *Une église ébranlée:* changement, conflit et continuité de Pie XII à Jean-Paul II. Tournai, Casterman, 1980. SENEZE, Nicolas. *La crise intégriste* vingt ans après le schisme de Mgr Lefebvre. Paris, Bayard, 2008. Em 21 de janeiro de 2009, o Papa Bento XVI suspendeu a excomunhão dos bispos da Sociedade de São Pio X. Para ver as reações contra a decisão de Bento XVI, entre outros: HÜNERMANN, Peter (ed.). *Exkommunication oder Kommunikation?* Der Weg der Kirche nach dem II. Vatikanum. Freiburg, Herder, 2009.

[19] Cf. KOMONCHAK, Joseph A. (ed.) *History of Vatican II* (vol. 1): Announcing and Preparing Vatican Council II Toward a New Era in Catholicism.

logo se tornou líder da minoria conservadora no Vaticano II e um oponente muito expressivo das principais reformas do concílio, em particular da reforma litúrgica, colegialidade episcopal, liberdade religiosa e ecumenismo. Durante o Vaticano II, o *Coetus Internationalis Patrum* e a minoria conciliar conseguiram convencer Paulo VI da necessidade de equilibrar os ganhos da maioria conciliar. Isso levou à declaração de Maria como "Mãe da Igreja" (21/11/964) e a *Nota explicativa praevia* (16/11/1964), que ofereceu uma interpretação oficial e estreita do capítulo 3 de *Lumen gentium* sobre a colegialidade episcopal.[20] No final, porém, o Vaticano II foi uma expressiva derrota para Lefebvre e para o grupo extremamente conservador dentro da minoria conciliar.[21]

Lefebvre foi um dos setenta padres conciliares – representando cerca de 3% do total – que votaram contra a "Declaração sobre a Liberdade Religiosa" (*Dignitatis humanae*), em 7 de dezembro de 1965. Não foi surpresa que se tornasse um dos mais constantes críticos do Vaticano II, especialmente após 1972. Lefebvre acusou o Vaticano II e Paulo VI de terem-se afastado da sã tradição da Igreja e do magistério e de terem imposto novos dogmas derivados da cultura moderna: progresso, evolução, mudança. O caráter pastoral do Vaticano II foi interpretado por Lefebvre como

---

Maryknoll, NY, Orbis, 1996, p. 126-31. O'MALLEY, John. *What Happened at Vatican II*. Cambridge, MA, Belknap Press, 2008, p. 110-11.

[20] Cf. *History of Vatican II*, vol. 4: *Church as Communion: Third Period and Intersession, September 1964-November 1964* (ed. Komonchak, 2004). O'MALLEY, *What Happened at Vatican II*, p. 244-45.

[21] Junto com Monsenhor Lefebvre, merece ser notado os bispos brasileiros ultraconservadores Geraldo de Proença Sigaud (Diamantina, MG) e Antônio de Castro Mayer (Campos, RJ), que apoiaram o movimento de extrema direita Tradição, Família, Propriedade. Ver a página na Internet da Sociedade de S. Pio X, disponível em: <http://www.sspx.org>.

uma autodefesa do Vaticano II, um concílio incapaz de tratar de dogmas e decidido a introduzir ideias liberais na Igreja católica. Lefebvre via o Vaticano II como um concílio que estava "mudando a nossa religião".[22]

Como muitos outros reacionários, Lefebvre via uma conspiração liberal-protestante-maçônica por trás da mudança e, portanto, por trás do Vaticano II. Ele não fazia distinção entre os textos conciliares e o espírito do Vaticano II, e definiu esse espírito. Ele reconhecia que os documentos finais do Vaticano II *eram* fruto do espírito do concílio e, ao mesmo tempo, observava que "o espírito que dominou o concílio e inspirou tantos textos ambíguos, equívocos e até francamente errôneos não é o Espírito Santo, mas o espírito do mundo moderno, um espírito liberal, de Teilhard [de Chardin], modernista".[23]

Alguns pontos do concílio interessavam particularmente a Lefebvre. Primeiro, ele se opunha à colegialidade episcopal, que já em outubro de 1963 rotulara de "coletivismo", e achava impossível conciliar a nova eclesiologia do Vaticano II com uma eclesiologia pesadamente marcada por uma mentalidade ultramontana e herética. Segundo, a "Declaração sobre a liberdade religiosa" constituía para o arcebispo Lefebvre – que, como missionário no Senegal, enfrentara o islã e o animismo na África – uma legalização teológica da apostasia: "A liberdade religiosa é a principal meta do liberalismo. Os liberais, maçons e protestantes

---

[22] LEFEBVRE, Marcel. *Un évêque parle*: écrits et allocutions. Paris, Morin, 1974-76. Em inglês: *A Bishop Speaks*: Writings and Addresses 1963-1976. Edinburg, Scottish Una Voce, 1979; 2. ed. Kansas City, MO, Angelus Press, 2009, p. 9.

[23] LEFEVRE, Marcel. *J'accuse le concile!* Paris, Éditions Saint-Gabriel, 1976, p. 9 (trad. em inglês: *I Accuse the Council!* Dickinson, TX, Angelus Press, 1982; Kansas City, MO, Angelus Press, 1998).

são plenamente conscientes de que por esse meio podem atingir o próprio coração da Igreja católica".[24] Terceiro, a reforma litúrgica introduziu a "missa de Lutero" na Igreja católica e, por irenismo ecumênico, pôs em risco a preservação da tradição e a correta compreensão da Eucaristia como renovação do sacrifício de Cristo. No entanto, a questão verdadeira para Lefebvre e para seus seguidores era a relação entre tradição e Vaticano II. O concílio ampliou os conceitos de tradição e revelação, mudando assim a compreensão que a Igreja tem da história humana como fonte para a teologia e o magistério. Segundo a ideia que Lefebvre tinha da Igreja, a teologia católica era o depósito imutável da fé traduzido em termos histórico-ideológicos. Completamente estranha à sua abordagem anti-histórica era a noção de que a revelação poderia ser revelada na história do povo de Deus e que, portanto, a história devia servir como fonte de discurso teológico.

A dimensão política da rejeição ao Vaticano II é clara na posição de Lefebvre, pois é certamente verdade para a posição anticonciliar que o ambiente político contemporâneo muitas vezes determina a visão da situação da Igreja. Em particular, a visão do Vaticano II como "a revolução francesa na Igreja" foi fundamental para a formação da percepção histórica de Lefebvre sobre o concílio, especialmente para um bispo francês como ele, fiel à ideia de uma sequência de "erros modernos" (como a Reforma do século XVI seguida pelo Iluminismo, a Revolução Francesa, o liberalismo e o socialismo, culminando depois

---

[24] LEFEBVRE, M. *J'accuse le concile!*, p. 20.Ver também SCATENA, Silvia. *La fatica della libertà*. L'elaborazione della dichiarazione *Dignitatis humanae* sulla libertà religiosa del Vaticano II. Bologna, Il Mulino, 2004. BEVANS, Stephen B.; GROS, Jeffrey. *Evangelization and Religious Freedom: Ad Gentes, Dignitatis humanae*. New York, Mahwah, NJ, Paulist Press, 2009.

no comunismo do século XX). Lefebvre – que exprimiu apoio, na década de 1940, à "ordem católica" do governo autoritário francês Vichy (que colaborou com a Alemanha nazista), aos governos autoritários e às ditaduras militares na década de 1970 (na Espanha, Portugal, Chile e Argentina), e ao partido francês da frente nacional, ultradireitista, na década de 1980 – acrescentou o Vaticano II como o elo final dessa corrente de "erros modernos". Na sua *Carta aberta aos católicos perplexos* (1986), Lefebvre descreveu essa cadeia de acontecimentos: "O paralelo que tracei entre a crise na Igreja e a Revolução Francesa não é apenas metafórico. A influência dos *philosophes* do século XVIII e a reviravolta que produziram no mundo continuou até o nosso tempo. Os mesmos que injetaram esse veneno o admitem".[25]

A rejeição da nova liturgia e a defesa daquilo que Lefebvre descreveu em seu livro como a "missa de todos os tempos" contra a "missa do nosso tempo" são os pontos de desentendimento mais conhecidos entre o seu grupo e os que apoiam o Vaticano II. Lefebvre levou a sério a forte relação entre a constituição litúrgica e o Vaticano II como um todo, sendo a renovação litúrgica pós-conciliar o primeiro e inevitável passo para a plena implementação do concílio. Mas a reforma litúrgica era apenas um elemento no confronto muito mais amplo de Lefebvre ao Vaticano II.[26] Ele afirmou que os "envenenadores" do concílio

---

[25] LEFEBVRE, Marcel. *Lettre ouverte aux catholiques perplexes*. Paris, Albin Michel, 1985 (trad. inglesa: *An Open Letter to Confused Catholics*. Herefordshire, UK, Fowler Wright, 1986, p. 105).

[26] A sobre-estimativa do papel da liturgia na rejeição do concílio por Lefebvre explorou o apelo por uma "reforma da reforma litúrgica". Ver BALDOVIN, John. *Reforming the Liturgy*: A Response to the Critics. Collegeville, MN, Liturgical Press, 2008.

constituíam uma minoria, mas uma minoria ativa e organizada, apoiada por numerosos teólogos modernistas, entre os quais se encontram todos os nomes que desde então deram as ordens, nomes como Leclerc, Murphy, Congar, Rahner, Küng, Schillebeeckx, Besrel, Cardonnet, Chenu etc. E devemos lembrar a enorme produção de material impresso por IDOC, o centro de informação holandês subvencionado pelas conferências de bispos alemã e holandesa. Isso criou uma espécie de psicose, um sentimento de que não se deve desapontar as expectativas do mundo, que espera ver a Igreja concordar com sua maneira de ver.[27]

Segundo Lefebvre, o caráter pastoral do concílio era um dos principais sinais de sua fraqueza. Ele percebeu o novo estilo literário dos documentos do concílio como uma maneira de disfarçar os seus conteúdos e a sua ruptura com a tradição católica, dizendo em sua *Carta aberta aos católicos perplexos*: "Isso não foi por negligência ou por acaso. Essas pessoas sabiam o que faziam. Todos os outros concílios realizados durante o decurso dos séculos foram dogmáticos. Todos combateram erros. Agora, Deus sabe quantos erros há para serem combatidos em nosso tempo! Um concílio dogmático teria cumprido uma grande necessidade". Entre os erros negligenciados pelo Vaticano II – continuou –, o mais insidioso inimigo à sua *Weltanschauung* foi o comunismo: "O mais monstruoso erro que jamais surgiu da mente de Satã... tem acesso oficial ao Vaticano. A recusa desse concílio pastoral em condená-lo solenemente é em si suficiente para cobri-lo de vergonha diante de toda a história".[28] Ao atacar o comunismo em defesa incondicional da Igreja católica, Lefebvre foi o último defensor da

---

[27] LEFEBVRE, M. *An Open Letter to confused Catholics*, p. 109-110.

[28] Ibid., p. 111.

ideologia política da facção do catolicismo do começo do século XX, que na Europa construíra suas credenciais de defensor da civilização e da lei natural (obliterada pelos comunistas) como bastião do sentimento anticomunista e filo fascista. Apesar do fato histórico de que os bispos da Europa comunista, além da Cortina de Ferro, terem pedido que o concílio não publicasse uma condenação do comunismo, para Lefebvre, a recusa do Vaticano II em condenar solenemente a ideologia comunista foi prova da ideologia filo comunista de muitos bispos e teólogos líderes do concílio.

Lefebvre não se definiu nem como herege nem como cismático, e em seu duro julgamento da Igreja moderna ele ligou o Vaticano II ao "liberalismo" de Paulo VI. Apelou para que todo católico desobedecesse a matérias como liberdade religiosa e colegialidade na Igreja. A sua avaliação do estado da Igreja após o Vaticano II estava inextricavelmente ligada ao seu firme apego a uma ideia muito estreita do magistério pontifício que se desenvolveu depois da Revolução Francesa e à mentalidade ultramontanista típica do catolicismo do século XIX. Identificou a ideia do magistério da Igreja com os conteúdos e formas do magistério papal do século XIX, culminando com a encíclica *Pascendi Dominici gregis* (1907) de Pio X, que condenou o modernismo e provocou o mais dramático expurgo de teólogos na história moderna da Igreja católica.

Para Lefebvre, o Vaticano II representou o ponto decisivo no desenvolvimento do catolicismo no mundo moderno, um caminho que levou da democracia cristã ao socialismo cristão e terminou no "ateísmo cristão", no qual o "diálogo" se tornou a atitude mais perigosa: "A união adúltera da Igreja com a Revolução está cimentada pelo 'diálogo'. Verdade e erro são incompatíveis; dialogar com o erro é colocar Deus e o diabo em pé de igualdade".[29] Segundo Lefebvre, o Vaticano II se tornou a obra do diabo contra a Igreja: "Não há mais magistério, nem dogma, nem hierarquia; tampouco há Sagrada Escritura no sentido de um texto inspirado e historicamente certo. Os cristãos são inspirados diretamente pelo Espírito Santo. Então a Igreja se desmorona".[30]

Destinos diferentes para grupos marginais do Vaticano II

Enquanto Lefebvre empregava uma narrativa do concílio como supostamente inspirada por franco-maçons e infiltrada por comunistas, na outra ponta do espectro ideológico estavam os grupos dos "cristãos para o socialismo" na Europa e na América Latina, que afirmavam que "o Vaticano II representava o ponto alto no esforço da Igreja para se adaptar à forma burguesa de sociedade".[31] A reforma intraeclesial e o afastamento da política por parte da Igreja eram vistos pelos cristãos para o socialismo como os sinais mais evidentes de uma conciliação católica com a sociedade capitalista e, portanto, uma renúncia a apoiar a luta revolucionária.

Como ficou claro nas últimas duas décadas, os destinos dessas duas pontas no espectro teológico-ideológico relativo ao Vaticano II não poderiam ter sido diferentes. Por um lado, os cristãos para o socialismo e sua interpretação do Vaticano II nunca se tornaram uma verdadeira força interpretativa do concílio e logo desapareceram, na década de 1970, depois do fracasso cultural do chamado

---

[29] Ibid., p. 117.

[30] Ibid., p. 118.

[31] MENOZZI, Daniele. Opposition to the Council. In: *The Reception of Vatican II*, p. 325-48, citação na p. 341.

gauchisme catholique, ativo especialmente na Itália e na França. Tanto como grupo político como movimento católico, ele desapareceu logo do cenário cultural do catolicismo ocidental no começo da década de 1980.[32] Por outro lado, a influência da minoria conciliar sobre a interpretação do Vaticano II tem sido persistente e eficaz em influenciar a recepção do concílio, muito mais persistente do que a maioria conciliar poderia ter esperado. Como John O'Malley descreveu, "No resultado final do concílio a minoria deixou mais do que as suas impressões digitais".[33]

Durante a quarta sessão do Vaticano II, a Cúria Romana, muito solidária com a oposição à mudança, submeteu-se a algumas reformas de Paulo VI (a internacionalização do quadro curial e a criação do Sínodo dos Bispos). Assim a reforma da Cúria Romana deixou de fora os radicais da oposição extremista ao concílio, tornando a Cúria parte integral do processo de recepção e aplicação do Vaticano II.[34]

A função da Cúria Romana depois do Concílio de Trento era perfeitamente consistente com a arquitetura institucional do "ramo executivo" na mão dos papas:[35] em 1564,

---

[32] PELLETIER, Denis. *La crise catholique*. Religion, sociéte, politique en France 1965-1978. Paris, Payot, 2002. SARESELLA, Daniela. *Dal Concilio alla contestazione*. Riviste cattoliche negli anni del cambiamento, 1958-1968. Brescia, Morcelliana, 2005. FAGGIOLI, Massimo. *Breve storia dei movimenti cattolici*. Roma, Carocci, 2008. HORN, Gerd-Rainer. *Western European Liberation Theology 1924-1959: The first Wave*. Oxford-New York, Oxford University Press, 2008. Id. *The Spirit of '68*: Rebellion in Western Europe and North America, 1956-1976. Oxford-New York, Oxford University Press, 2008.

[33] O'MALLEY, *What Happened to Vatican II*, p. 311.

[34] REESE, Thomas J. *Inside the Vatican*: The Politics and Organization of the Catholic Church. Cambridge, MA, Harvard University Press, 1996.

[35] BELLITTO, Christopher. *Renewing Christianity:* A history of Church Reform from Day One to Vatican II. New York/Mahwah, NJ, Paulist Press, 2001. Ver também ALBERIGO, Giuseppe. *Councils and Reform*: Challenging Misconceptions. In: CHRISTIANSON, Gerald; IZBICKI, Thomas M.; BELLITTO, Christopher M. (ed.). *The Church, the Councils, and Reform*: The Legacy of

Pio IV criou a Sagrada Congregação do Concílio (*Congregatio pro executione et interpretatione concilii Tridentini*), que estava encarregada da aplicação dos decretos do Concílio de Trento e da interpretação dos cânones do concílio. Mas a descentralização e a ênfase sobre as igrejas locais na eclesiologia do Vaticano II não foram aplicadas no quadro institucional da Santa Sé e da Cúria Romana. A continuidade entre a Cúria anterior ao Vaticano II e a estrutura posterior à Cúria do Vaticano II teve um impacto na recepção do concílio e na sobrevivência dos reacionários conciliares: "Não foi estabelecida nenhuma comissão pós-conciliar que correspondesse à Comissão Doutrinal do Vaticano II. Os problemas doutrinares recaíram de novo diretamente sob a competência enciumadamente preservada do Santo Ofício".[36] Mesmo depois da excomunhão de Lefebvre, os laços culturais entre alguns setores da Cúria Romana e os sentimentos anti-Vaticano II estiveram longe de terminar.

O equilíbrio obtido por Paulo VI sobre a reforma e a continuidade da tradição institucional não evitaram que os radicais conservadores denunciassem em alta voz a "heresia" do Vaticano II.[37] O alcance dos seus meios de comunicação se tornou, recentemente, mais intenso e eficaz, mas a sua interpretação do Vaticano II não mudou desde a posição do "pai fundador" da rejeição do concílio, Marcel Lefebvre. Entrementes, a Igreja passou para um novo estágio em sua recepção do Vaticano II.

Fifteenth Century. Washington, DC, Catholic University of America Press, 2008, p. 271-90.

[36] ALBERIGO, Giuseppe. The Conclusion of the Council and the Initial Reception. In: KOMONCHAK (ed.). *History of Vatican II* (vol. 5), *The Council and the Transition*. The Fourth Period and the End of the Council (September 1965-December 1965). 2005, p. 541-71, citação na p. 556.

[37] RICCARDI, Andrea. *Il potere del papa da Pio XII a Giovanni Paolo II*. Roma-Bari, Laterza, 1993, p. 289-311.

Capítulo 3

Vaticano II: além de Roma

Vaticano II como começo

No prefácio ao seu livro *Nach dem Konzil* [*Depois do Concílio*] (1968), o teólogo luterano Edmund Schlink (1903-1984), observador ecumênico do Vaticano II, citou a definição que Rahner deu do concílio como "o começo do começo" do *aggiornamento*.[1] A visão do Vaticano II como "o começo" era partilhada não só por teólogos não católicos que tentavam compreender a importância do concílio para as suas igrejas e suas tradições teológicas, mas também por muitos teólogos católicos envolvidos no debate acerca do catolicismo e da descolonização, teologia católica e libertação humana, e teologia feminista e teologia intercultural, desde o começo da recepção teológica do Vaticano II.

A ideia do Vaticano II como começo de um novo caminho para a teologia católica tem sido a coluna da hermenêutica conciliar desde o início do debate até pelo menos a década de 1990, quando o foco da discussão mudou das possíveis orientações teológicas do começo para

---

[1] SCHLINK, Edmund. *Nach dem Konzil*. Munich e Hamburg, Siebenstern, 1966 (trad. inglesa por J. A. Herbert Bouman, *After the Council*. Philadelphia, Fortress Press, 1968). Para a definição de Karl Rahner, ver The Council: A New Beginning. In: HERRON, Davis C.; ALBRECHT, Rodelinde (trad.). *The Church after the Council*. New York, Herder and Herder, 1966, p. 20 (original alemão: *Das Konzil: Ein neuer Beginn*. Freiburg, Herder, 1966).

o estudo da base do *acontecimento* do começo que foi o Vaticano II. Mas esse pressuposto fundamental acerca do papel central do Vaticano II e da sua continuidade/descontinuidade com o passado (sem, contudo, fazer da era pré-Vaticano II um "passado inútil" para a teologia católica) ainda é o ponto de partida para uma compreensão das questões culturais, pastorais e políticas subjacentes ao debate teológico. A apreciação ecumênica do Vaticano II também contribuiu para formar a percepção global do concílio como importante também para cristãos fora da Igreja católica.

Vaticano II e sua avaliação ecumênica

Desde bem do início – durante o concílio e após o concílio – os observadores ecumênicos tomaram parte no debate sobre o Vaticano II. Antes de o Vaticano II iniciar-se, o Vaticano consultou o Conselho Mundial de Igrejas em Genebra através do secretário pontifício para a Promoção da Unidade dos Cristãos (secretariado criado por João XXIII em 1960) e em seguida enviou um convite oficial às Igrejas não católicas que, com poucas exceções, aceitaram a oferta de ir a Roma e "observar" o concílio enquanto este se realizava. Havia quarenta observadores oficiais enviados por suas igrejas na primeira sessão do Vaticano II em 1962 (igrejas não calcedônias do Oriente Médio, luteranos, reformados, anglicanos, Discípulos de Cristo, congregacionalistas, quacres).[2] A chegada tardia dos observadores ortodoxos no Vaticano II fez com que o número total da presença ecumênica subisse para 103 na última sessão, em 1965, mas muitos outros observadores não católicos e

---

[2] Entre as principais igrejas cristãs mundiais, apenas a Aliança Batista Mundial não respondeu ao convite de Roma.

convidados participaram do Vaticano II, chegando a mais de 180 o número total, no final do concílio.[3]

Os observadores ecumênicos participaram dos quatro períodos desde 1962 a 1965 e tiveram bons assentos na Basílica de São Pedro para os debates. Tomaram parte no Vaticano II como "observadores" enviados por suas Igrejas, mas alguns deles trabalharam como conselheiros teológicos não oficiais para a redação de alguns documentos conciliares particularmente sensíveis às questões ecumênicas (especialmente sobre Bíblia e revelação, eclesiologia, liberdade religiosa e ecumenismo). O teólogo luterano André Birmelè observa: "A presença deles contribuiu inegavelmente para a nova consciência ecumênica da Igreja católica no Vaticano II e influenciou o trabalho do concílio".[4] A contribuição deles teve um impacto notável no caráter ecumênico do *corpus* dos documentos finais do Vaticano II. Atuou também noutra direção: à medida que o concílio influenciava os observadores, eles, por sua vez, influenciaram a apreciação geral do concílio como importante para todos os cristãos.

Muitos observadores ecumênicos compartilhavam o mesmo ponto de vista de que o Vaticano II era um momento de renovação para a Igreja católica – tanto em continuidade como em descontinuidade com o passado –, não através de uma reafirmação da natureza imutável de suas

---

[3] O'MALLEY, John. *What Happened at Vatican II*. Cambridge, MA, Belknap Press, 2008, p. 33.

[4] BIRMELÈ, André. Le Concile Vatican II vu par les observateurs des autres traditions chrétiennes. In: DORÉ, Joseph; MELLONI, Alberto (ed.). *Volti di fine concilio*: Studi di storia e teologia sulla conclusione del Vaticano II. Bologna, Il Mulino, 2000, p. 225-64, citação na p. 230. VELATI, Mauro. Gli osservatore del Consiglio Ecumenico delle Chiese al Vaticano II. In: FATTORI, Maria Teresa; MELLONI, Alberto (ed.). *L'evento e le decisioni*. Studi sulle dinamiche del Concilio Vaticano II. Bologna, Il Mulino, 1997, p. 189-257.

definições dogmáticas, mas através da fidelidade à substância da fé. Aos olhos dos observadores ecumênicos no Vaticano II, a Igreja católica se tornou mais preparada para escutar as necessidades do ser humano contemporâneo e usou uma nova linguagem que mostrava uma evolução no catolicismo sem renunciar às características originais em termos de eclesiologia, sacramentos e a preservação do depósito da fé.[5]

A reforma litúrgica foi bem acolhida por observadores ecumênicos como Karl Barth (1886-1968) e até pelo teólogo ortodoxo Olivier Clément (1921-2009), que viu na reforma um exemplo para a liturgia ortodoxa, na qual o fiel tem apenas um papel passivo.[6] Mas do ponto de vista teológico, o que agradou principalmente os observadores ecumênicos foi a ideia desenvolvida pelo Vaticano II no Decreto sobre o Ecumenismo (*Unitatis redintegratio*) de uma "hierarquia de verdades."[7] O Decreto disse:

> A fé católica deve ser explicada mais profunda e corretamente, de tal modo e com tais termos que possa ser efetivamente compreendida também pelos irmãos separados.

---

[5] Ver, por exemplo, o luterano dinamarquês SKYDSGAARD, Kristen E. Le mystère de l'Église. In: CULLMANN, Oscar (ed.). *Le dialogue est ouvert*: Les trois premières sessions du Concile Vatican II. Neuchâtel, Delachaux & Niestlé, 1965, p. 147-71.

[6] CLEMENT, Olivier. Vers un dialogue avec le catholicisme *Contats*, n. 14 (1965), p. 16-37, esp. 37. Ver também BARTH, Karl. Thoughts on the Second Vatican Council. In: *Ad Limina Apostolorum*: An Appraisal of Vatican II (trad. Keith R. Crim). Richmond, VA, John Knox Press, 1968), p. 70. George Lindbeck fornece uma posição mais crítica em *Liturgy: Summit and Source*. In: LINDBECK, G. *The Future of Roman Catholic Theology*. Vatican II – Catalyst for Change. Philadelphia, Fortress, 1970, p. 51-75.

[7] Ver VALESKE, Ulrich. *Hierarchia Veritatum: Theologiegeschichtcliche Hintergründe und mögliche Konsequenzen eines Hinweises im Ökumenismunsdeckret des II. Vatikanischen Konzils zum zwischenkirchliche Gespräch*. Munich, Claudius, 1968.

Ademais, no diálogo ecumênico, os teólogos católicos, sempre fiéis à doutrina da Igreja, quando investigarem juntamente com os irmãos separados os divinos mistérios, devem proceder com amor pela verdade, com caridade e humildade. Na comparação das doutrinas, lembrem-se de que existe uma ordem ou "hierarquia" das verdades da doutrina católica, já que o nexo delas com o fundamento da fé cristã é diferente. Assim se abre o caminho pelo qual, mediante essa fraterna emulação, todos se sintam incitados a um conhecimento mais profundo e uma exposição mais clara das insondáveis riquezas de Cristo (*Unitatis redintegratio* 11).

Cada teólogo não católico que observou o concílio e analisou os documentos finais desenvolveu a sua própria interpretação do Vaticano II. Já antes do começo do concílio, o teólogo luterano dinamarquês Kristen E. Skydsgaard (1902-1990) expressara suas expectativas do concílio em algumas questões relativas à divisão entre católicos e luteranos, especialmente as que diziam respeito à relação entre mundo e igreja. Skydsgaard estava curioso sobre a "linguagem" do concílio: "A questão é: *o que* será dito e *como* será dito? Linguagem e compreensão andam juntas, mas muitas vezes não coincidem de modo nenhum. Todos vivemos sob a maldição de Babel".[8]

Os representantes da Igreja anglicana abordaram o Vaticano II com uma história de diálogo e conversações com a Igreja romano-católica, ainda que a relação entre as duas permanecesse ambígua na Inglaterra por causa da atitude entre os bispos católicos de "recuperar" a

---

[8] SKYDSGAARD, Kristen E. The Council and Evangelical Christians. In: Id. (ed.) *The Papal Council and the Gospel*: Protestant Theologians Evaluate the Coming Vatican Council. Minneapolis, Augsburg, 1961, p. 139-79, citação na p. 152.

Inglaterra para a Igreja católica. O principal observador anglicano no segundo Concílio Vaticano de 1962-1965 foi o bispo de Ripon, John Moorman (1905-1989), que foi muito ativo (também graças à sua fluência em italiano) em dar uma contribuição para o Vaticano II com base na relação íntima entre as duas tradições teológicas das duas Igrejas. Durante o Vaticano II, Moorman afirmou que era importante marcar a presença anglicana no concílio: "Os anglicanos devem dar a sua própria contribuição em vez de deixar que os metodistas, congregacionalistas e outros falem em nome deles".[9] Moorman explicou, tanto no Vaticano II como desde o começo do período pós-conciliar, que o concílio mudara fundamentalmente as relações entre a Igreja católica e as outras Igrejas:

> O resultado do concílio foi alterar todo o modelo ecumênico e levar a discussão ecumênica para um novo campo... Roma, finalmente, começou a se interessar pelo problema da unidade, e as coisas nunca mais serão as mesmas... O problema ecumênico em 1966 é totalmente diferente do que era em 1961. Um novo modelo surgiu como resultado do concílio, e grande parte do pensamento e da linguagem que era válida cinco anos atrás agora está obsoleta.[10]

Essa visão do Vaticano II como um concílio verdadeiramente ecumênico foi atestada pelo fato de Moorman, especialista em São Francisco de Assis e na história dos franciscanos, se tornar o presidente da comissão anglicana,

---

[9] Ver John Moorman citado em VISCHER, Lukas. The Council as an Event in the Ecumenical Movement. In: KOMONCHAK, Joseph A. (ed.). *History of Vatican II*, vol. 5, The Council and the Transition: The Fourth Period and the End of the Council, September 1965-December 1965. Maryknoll, NY, Orbis, 2005, p. 485-539, citação na p. 516.

[10] MOORMAN, John. *Vatican II Observed*: An Anglican Impression of Vatican II. London, Catholic Book Club, 1967, p. 184-85.

em 1967, que levou à Anglican-Roman Catholic International Commission [Comissão Internacional Anglicano-Romano-católica] (ARCIC), da qual Moorman permaneceu membro até 1981.

O teólogo luterano alemão Edmund Schlink estava, como Moorman, no concílio como "observador", mas Schlink tinha uma visão mais abrangente da importância do Vaticano II por ter sido o fundador do Instituto Ecumênico na Universidade de Heidelberg em 1946 (o primeiro instituto ecumênico numa universidade alemã), *e* à luz de seu papel no Conselho Mundial de Igrejas. Schlink, que significativamente ajudou a moldar a leitura do movimento ecumênico do Vaticano II, deu testemunho da realização do Vaticano II e relatou regularmente ao Conselho Mundial de Igrejas o desenrolar do concílio e o avanço crítico feito pela teologia católica durante ele, especialmente com relação à interpretação da Escritura na Igreja.[11] Ele viu profeticamente no Vaticano II não só o *corpus* dos documentos finais, mas que o Vaticano II era um "acontecimento" destinado a produzir mais progresso nos anos vindouros:

> O concílio é mais do que as suas resoluções. Quem conhece apenas as resoluções do concílio, ainda não compreendeu o acontecimento conciliar como um todo. O concílio deu um passo revolucionário de uma dinâmica que é mais abrangente e mais progressista do que está expressa nas resoluções conciliares... Evidentemente, as decisões conciliares só são corretamente interpretadas se forem entendidas contra o pano de fundo do acontecimento conciliar como um todo.[12]

---

[11] Ver THEOBALD, Christoph. The Church under the Word of God. In: *History of Vatican II*, vol. 5, The Council and the Transition, p. 354-55.

[12] SCHLINK, *After the Council*, p. 46-47.

A própria experiência de Schlink como observador ecumênico no Vaticano II o tornou profundamente consciente da dinâmica intensa do debate do concílio e da dialética entre "forças conservadoras" e "forças progressistas".

> Enquanto os "conservadores" acreditam que garantiram para o futuro muitos assuntos sobre os quais tinham expectativas, muitos "progressistas" viam esses desacordos e tensões como a dialética de um progresso histórico que o concílio tornou possível. De fato, muitos veem precisamente esses aspectos não resolvidos como dando expressão à dinâmica do concílio, que aponta para o futuro. Por isso essas tensões devem ser avaliadas não apenas como fraquezas inerentes às resoluções do concílio, mas também como sintomas do despertar da Igreja romana.[13]

Schlink viu as tensões dentro do Vaticano II como sinais do despertar da Igreja romana e como o *incipit*, o "começo", de um movimento que se iniciou com o concílio e moveu-se para um diferente compromisso do catolicismo moderno com as outras Igrejas e com o mundo moderno:

> Contudo, falar apenas de reformas individuais realizadas pelo concílio seria subestimá-lo. Passou a existir um movimento de renovação que vai muito além de resoluções individuais – um movimento que se apossou de muitos corações na Igreja romana, de modo que desejam ardentemente servir a Deus e ao próximo com maior fidelidade, devoção, abertura e amor.[14]

Schlink sabia que o período pós-conciliar não seria fácil para a Igreja católica, mas ao mesmo tempo exprimiu a convicção profunda de que o Vaticano II tinha sido um acontecimento ecumênico no sentido de que alterara o

---

[13] Ibid., p. 189.

[14] Ibid., p. 186-87.

status quo teológico não apenas para a Igreja católica, mas também para as Igrejas não romanas:

> O Vaticano II será levado a sério apenas quando as Igrejas não romanas o virem como uma questão dirigida a elas. Algumas das questões que surgem especificamente para a Igreja evangélica foram mencionadas. Os representantes de outras igrejas poderão exprimir as maneiras como o concílio representa a elas a questão dirigida às suas Igrejas. Não deveria haver dúvida de que o concílio coloca questões para elas também.[15]

O teólogo luterano Oscar Cullmann (1902-1999), um dos mais destacados observadores ecumênicos no Vaticano II, indicou o principal aspecto teológico do potencial ecumênico do Vaticano II, a saber, a descoberta da Escritura e da hermenêutica bíblica como essencial para a atividade teológica, o que tornou possível a volta da Igreja às suas origens bíblicas. Sobre a hermenêutica do concílio, Cullmann partilhava com outros observadores uma visão semelhante da relação entre Vaticano II como um acontecimento e os documentos finais do concílio. Autor de *Cristo e o tempo* e pessoa responsável pelo estabelecimento do diálogo entre católicos e luteranos, Cullmann era também bem consciente de que o Vaticano II era mais do que seus documentos finais, dada a importância dos "impulsos" ativados pelo Vaticano II: "Mais do que em qualquer outro concílio, aqui se tratava do acontecimento inteiro do concílio, cujos impulsos não foram menos ativos no futuro do que nos textos finais".[16] Cullmann observou: "Do começo ao fim do Vaticano II, a maioria progressista era muito

---

[15] Ibid., p. 212.

[16] CULLMANN, Oscar. Was bedeutet das Zweite Vatikanische Konzil für uns Protestanten? In: SCHATZ, Werner (ed.) *Was bedeutet das Zweite Vatikanische Konzil für uns?* Basel, F. Reinhardt, 1966, p. 20.

mais representada do que os conservadores".[17] Ao mesmo tempo, rejeitou tanto as interpretações "revolucionárias" como as "continuístas" do Vaticano II. Viu uma continuidade doutrinal fundamental da tradição teológica da Igreja católica sem negar a renovação que ocorria na Igreja conciliar: "As duas respostas [a revolucionária e a continuísta] estão erradas. De um ponto de vista histórico, o Vaticano II conseguiu renovar o catolicismo, de uma maneira que fora impossível em sua longa história, sem mudar os fundamentos da Igreja católica (alguns dos quais nós, como protestantes, rejeitamos)".[18]

O teólogo reformado suíço Karl Barth não estava menos interessado no Concílio Vaticano II. O Pontifício Secretariado para a Promoção da Unidade dos Cristãos convidou-o como observador, mas ele não pôde participar por motivos de saúde. Barth visitou Roma um ano após a conclusão do concílio para recolher informações sobre ele, e durante o semestre de inverno de 1966-1967, deu um seminário na Universidade da Basileia sobre a constituição *Dei Verbum*.[19] Barth via o Vaticano II como um momento fundamental na vida das Igrejas: "Tanto a convocação como curso anterior do concílio são sintomáticos de uma espécie de desmoronamento que está ocorrendo na Igreja romana; aí está ocorrendo um movimento *espiritual*, cuja possibilidade ninguém imaginara cinquenta anos atrás".[20]

---

[17] Ibid., p. 19.

[18] Ibid., p. 17. Para ver mais de Oscar Cullmann, cf. também *Vatican Council II: The New Direction*, ensaios selecionados e organizados por James D. Hester (New York, Harper & Row, 1968).

[19] Ver Karl Barth em prospetctiva ecumênica. *Annuario di filosofia e teologia*, n. 16/2009, edição especial (Brescia, Morcelliana, 2009).

[20] BARTH, K. Thoughts on the Second Vatican Council. *Ad Limina Apostolorum*, p. 68.

Barth ainda tinha problemas com a doutrina católica sobre Mariologia e infalibilidade papal, mas via o concílio como o começo de um movimento:

> Deveríamos dirigir a nossa atenção muito mais para o que está começando a aparecer como movimento de renovação *dentro da* Igreja romana, mais para o que de fato já foi posto parcialmente em movimento, do que para as possibilidades de uma correspondência leal entre nós e seus representantes... Nós cristãos *não romanos* somos *questionados* de modo especial. Certamente, não nos perguntam se podemos, queremos ou desejaríamos nos tornar "católicos", mas nos perguntam se, tendo em vista o movimento espiritual que está ocorrendo lá, algo foi posto em movimento – ou não foi posto em movimento! – do *nosso* lado, no espaço de *nossa* igreja.[21]

Barth chegou profeticamente a temer uma possível troca de papéis, no futuro próximo, entre uma Igreja católica mais "evangélica" e o mundo protestante: "O concílio nos dá a ocasião de varrer o pó da frente da porta de nossa própria Igreja com uma vassoura cuidadosa, contudo poderosa?".[22]

O teólogo luterano norte-americano George Lindbeck (1923-), um dos observadores luteranos no concílio e, de 1968 a 1987, membro da Comissão Mista entre Vaticano e Federação Luterana Mundial, era menos otimista acerca do futuro do ecumenismo, mas não menos convicto do caráter epocal do Vaticano II. Já durante o Vaticano II, Lindbeck exprimira suas preocupações acerca das consequências da reorientação ecumênica da Igreja romana para os protestantes:

---

[21] Ibid., p. 72-73.
[22] Ibid., p. 77.

Muitos... temem que, se as igrejas de uma dada família confessional ou denominacional agirem cada vez mais em conjunto em assuntos ecumênicos, isso levará a uma fragmentação infeliz do movimento ecumênico, a uma diminuição do papel do CMI e a uma tendência para o diálogo se polarizar em torno de Roma. Estes perigos são reais.[23]

No entanto, Lindbeck estava convencido da necessidade de uma hermenêutica historicamente sensível do Vaticano II. Já em 1970 ele criticou algumas abordagens literalistas na interpretação do concílio:

> Muitos comentadores céticos se esforçam para ser "sobriamente realistas" acerca da extensão da atual renovação católica. Interpretam o concílio de maneira legalista e não situacional numa espécie de vácuo hermenêutico, isolado de consideração da situação concreta em que ocorreu. A fim de evitar otimismo exagerado, recusam-se a ser impressionados por qualquer mudança, a não ser pelas mais inequívocas. Resolvem todas as ambiguidades em favor das interpretações que mais estão em continuidade com as versões rígidas do conservadorismo do Concílio de Trento e do Vaticano I.[24]

Vinte anos depois que seu relatório foi enviado ao Conselho Mundial de Igrejas, Lindbeck confirmou a sua visão do Vaticano II como um "perigo" para a coesão da tradição protestante, ao mesmo tempo em que confirmava a excepcional mudança teológica e cultural realizada pelo concílio na paisagem da cristandade moderna:

---

[23] Do relatório de Lindbeck ao CMI (primavera de 1964), citado em VISCHER, The Council as an Event in the Ecumenical Movement. In: *History of Vatican II*, vol. 5, The Council and the Transition, p. 485-539, citação na p. 510.

[24] LINDBECK, G. *The Future of Roman Catholic Theology*, p. 3-4.

A lógica da posição geral do Concílio Vaticano II é exercer uma espécie de pressão cognitiva sobre aqueles a quem chamei exatamente de "protestantes da Reforma" a se tornarem mais católicos. À medida que se tornam conscientes das novas possibilidades introduzidas pelo concílio, são propensos a pensar a si mesmos como exilados católicos, que agora deveriam voltar à comunhão católica, não apesar mas por causa da sua herança da Reforma.[25]

Uma evolução pode ser vista também nas reações dos observadores ortodoxos. No começo do concílio, em 1963, o teólogo ortodoxo (e membro do corpo de professores do Instituto Teológico Ortodoxo S. Sérgio em Paris) Olivier Clément não via no Vaticano II mais do que mera "benevolência" e afirmava que não vislumbrava nenhuma "verdade" da Igreja católica para a Igreja ortodoxa.[26] Mais tarde, porém, a avaliação de Clément passou a favor de uma visão mais positiva da mudança que estava ocorrendo no concílio, especialmente em liturgia e eclesiologia.[27] O teólogo ortodoxo grego Nikos Nissiotis (1925-1986) percebia a expressão de um "paternalismo eclesial" atuando no Vaticano II, que agia como se a Igreja católica possuísse toda solução para os problemas das relações humanas.[28] Nissiotis via apenas diferenças marginais entre o Vaticano II e o magistério tradicional do catolicismo sobre a Escritura e tradição, a eclesiologia do papado e o papel fraco da

---

[25] LINDBECK, George. Vatican II and Protestant Self-Understanding. In: FAGIN, Gerald M. (ed.) *Vatican II: Open Questions and New Horizons*. Wilmington, DE, Michael Glazier, 1984, p. 60.

[26] CLEMENT, Olivier. L'Église Orthodoxe et le Seconde Concile du Vatican. *Contacts*, n. 15 (1963), p. 62-65, citação na p. 64.

[27] Ibid., p. 64.

[28] NISSIOTIS, Nikos. *Was bedeutet das Zweite Vatikanische Konzil für uns Orthodoxe*. In: SCHATZ, Werner (ed.). *Was bedeutet das Zweite Vatikanische Konzil für uns?* Basel, F. Teinhardt, 1966, p. 157-88, citação na p. 171.

pneumatologia. Mas, no fim, Nissiotis também apreciou o Vaticano II como um grande passo para frente em relações ecumênicas e lamentou o fato de que o Vaticano II foi demasiado cauteloso acerca do futuro do ecumenismo. Depois do Vaticano II – disse Nissiotis – chegou o tempo para um concílio "pancristão" das Igrejas.

Os "observadores" ecumênicos trataram com particular agudeza a questão da mudança na Igreja católica, a contribuição do Vaticano II para rejuvenescer a vida da Igreja pós-conciliar e o concílio como divisor de águas para a teologia católica. Ao examinar o ponto de vista dos observadores ecumênicos, vemos continuidade entre a sua percepção da teologia do Vaticano II e o seu dilema com o impacto do concílio sobre o futuro do catolicismo: consideravam pacífico o fato de que estava ocorrendo mudança na Igreja após o Vaticano II. Em alguns casos, estavam preocupados com o impacto sobre suas próprias Igrejas, mas nenhum deles questionou o poder genuíno de mudança que vinha de dentro do Vaticano II e a reorientação de sua teologia em torno das fontes da Escritura, tradição e história. No modo de ver dos observadores ecumênicos, o Vaticano II mudou a paisagem religiosa da cristandade de maneira profunda: "Antes do concílio, o problema do catolicismo romano era problema 'deles'; agora são problemas nossos. E, inversamente, muitos dos nossos problemas se tornaram problemas deles".[29]

---

[29] São palavras do ministro luterano Richard John Neuhaus, que ainda não se convertera ao catolicismo romano (o que fez em 1990). The Councils Called Vatican II. In: NEUHAUS, Richard John. *The Catholic Moment*: The Paradox of the Church in the Postmodern World. San Francisco, Harper and Row, 1987, p. 66.

Concilium, Communio e teologia pós-Vaticano II

A aceitação do Vaticano II – ou seja, o ponto de vista dos observadores ecumênicos – representava a atitude de um lado do espectro teológico da teologia católica que aceitou o Vaticano II e ajudou a dar forma aos seus documentos finais. Pode-se dizer que essa interpretação do Vaticano II é inicial, uma maneira de vê-lo como um momento de começo de um amplo leque de mudanças na teologia da Igreja católica, com base na nova orientação dada pelo Vaticano II à relação entre teologia, Escritura, tradição e história.

A brecha entre as duas tendências dentro da teologia católica depois do Vaticano II se originou em torno dessa diferença fundamental. Ambas partem e provêm das melhores tradições teológicas católicas do século XX que sobreviveram ao expurgo antimodernista sob Pio X (*Pascendi Dominici Gregis*, 1907) e à política doutrinal de Pio XII (*Humani generis*, 1950); as duas escolas deram vida às duas mais importantes revistas teológicas fundadas depois do Vaticano II: *Concilium* e *Communio*.

A Revista Internacional de Teologia *Concilium* foi fundada em 1964 pelos teólogos Y. Congar, H. Küng, J. B. Metz, K. Rahner e E. Schillebeeckx. Essa revista – iniciada por esses teólogos europeus, considerados os maiores do século XX – agrupou aos poucos em torno de si teólogos de renome do mundo inteiro. Hoje a revista é elaborada por teólogos europeus, latino-americanos, asiáticos, norte-americanos e africanos. Os números são publicados simultaneamente em sete línguas: francês, inglês, italiano, alemão, holandês, espanhol e português. Cada número da revista gira em torno de uma temática específica e relevante para o cristianismo.* O primeiro número de *Concilium* saiu em janeiro de 1965. Na introdução geral ao primeiro número (significativamente dedicado ao tema do dogma), Rahner e Schillebeeckx delinearam a necessidade de uma nova revista teológica com base no nascimento de uma nova teologia que superasse "os velhos manuais" e fosse baseada na Escritura e na história da salvação: "Uma nova teologia está tomando forma... É difícil esquematizar, mesmo em esboço, as características que distinguem essa nova teologia. De maneira muito clara, porém, ela se baseia deliberadamente na Escritura e na história da salvação... Busca, com base na nossa situação contemporânea, uma compreensão melhor da Palavra de Deus para o homem e o mundo do nosso tempo". Rahner e Schillebeeckx prosseguiram dizendo que não buscavam para *Concilium* – marcada por uma abordagem claramente intercultural, ecumênica e crítica – uma interpretação exclusiva do legado teológico do Vaticano II. Contudo, viram o futuro da teologia como continuação do trabalho feito pelo Vaticano II, numa direção ecumênica e de outras maneiras: "A escolha deste título significa que a revista tomará conhecimento do que a autoridade pastoral da Igreja, que foi tão notavelmente expressa no Vaticano II, estabeleceu como guia para o fiel. Por isso, de maneira especial, a revista visa continuar a obra do Vaticano II".[30]

As diferenças *dentro* da teologia conciliar sobre a questão da mudança na teologia – mudanças feitas pelo concílio ou a serem feitas depois – surgiram logo após os

---

* Informativo do Instituto Teológico Franciscano sobre a edição brasileira da revista. (N.T.)

[30] RAHNER, Karl; SCHILLEBEECKX, Edward. Introdução geral. *Concilium* 1/1 (1965), p. 3-4.

anos 1968-1970, com a encíclica *Humanae vitae* de Paulo VI sobre a contracepção, o livro *A Igreja* de Hans Küng[31] e o Catecismo holandês.[32] Essas diferenças levaram à criação de uma segunda revista teológica entre 1969 e 1972, *Communio*, considerada a rival teológica da revista *Concilium*.[33] Entre os fundadores de *Communio* estavam teólogos como Hans Urs von Baltasar, Henri de Lubac e Joseph Ratzinger, alguns dos quais faziam antes parte do grupo de *Concilium*. Como disse Richard Gaillardetz: "Esses teólogos tinham em comum uma preocupação de que o compromisso do concílio com a renovação eclesial através de uma 'volta às fontes' fora eclipsada pelo acento pós-conciliar sobre o *aggiornamento* e a reforma das estruturas externas".[34]

Desde um ponto de vista teológico, os fundadores de *Communio* eram neoagostinianos, convencidos de que a ênfase de *Concilium* sobre o diálogo não dava a devida importância à revelação recebida pelos cristãos em Cristo. O acento de *Communio* sobre o conceito bíblico-teológico de comunhão foi descrito por von Balthasar no artigo de abertura da nova revista como, de fato, antitética à ideia de diálogo e comunhão defendida por teólogos "liberais":

> Estritamente falando, na era pós-bíblica há apenas duas alternativas. Uma é a comunhão cristã no princípio

---

[31] KÜNG, Hans. *Die Kirche*. Freiburg, Herder, 1967. (Tradução em inglês por Ray e Rosaleen Ockenden, *The Church*, New York, Sheed and Ward, 1968.)

[32] Ver *A New Catechism: Catholic Faith for Adults*, trad. Kevin Smyth, London, Burns & Oates; New York, Herder and Herder, 1967.

[33] Ver SNIJDEWIND, Hadewych. Genèse et organisation de la revue internationale de théologie Concilium. *Cristianesimo nella Storia*, n. 21 (2000), p. 645-73. FOUILLOUX, Étienne. I teologi cattolici dal pre al postconcilio. In: MILANO, Alberto (ed.). *Tutto è grazia. In omaggio a Giuseppe Ruggieri*. Milano, Jaca Book, 2010, p. 201-15.

[34] GAILLARDETZ, Richard. *The Church in the Making*. New York/Mahwah, NJ, Paulist Press, 2006, p. 92.

genuíno do Logos divino, que como conclusão e culminação das promessas do Antigo Testamento nos foi dado em Jesus Cristo, como graça ainda que em verdadeira humanidade, tornando possível a comunhão plena. A outra é o comunismo evolucionário, o qual, estimulado pela paixão da esperança progressista do Antigo Testamento, busca a comunidade perfeita como cumprimento cabal da autorrealização pela ideia do mundo e pela humanidade. É claro que apenas na primeira alternativa a comunhão é um princípio anterior realmente existente. Na segunda, o comunismo permanece, apesar de todo esforço, um mero ideal, e os meios de fazer com que seja alcançado à força não correspondem à espontaneidade básica do "humanismo positivo".[35]

As diferenças teológicas fundamentais entre *Concilium* e *Communio* tiveram um impacto de longa duração sobre a teologia católica após o Vaticano II. A divisão da maioria conciliar em dois grupos separados e duas revistas separadas foi o momento revelador de muita tensão já em fermentação durante o concílio, ainda que por trás dos panos. A questão divisora era a ideia de *Communio* acerca do Vaticano II como validando o *ressourcement* como método para a atividade ulterior em teologia contra a ideia de *Concilium* do Vaticano II como o *incipit* de uma *reformatio*, uma atualização mais abrangente da Igreja católica em sua teologia e estruturas.[36] Essas duas interpretações do Vaticano II atingiram também a teologia política do catolicismo e diferiram significativamente em sua avaliação

---

[35] VON BALTASAR, Hans Urs. *Communio* – A Programme. *International Catholic Review*, n. 1 (jan.-fev. 1972), p. 3-12, citação na p. 3. Esta revista foi a precursora de *Communio: International Catholic Review*.

[36] Para a contribuição de Ratzinger para a revista *Communio*, cf. SCHINDLER, David L. (ed.) *Joseph Ratzinger in Communio*, vol. 1, The Unity of the Church. Grand Rapids, MI, Eerdmans, 2010.

das consequências teológicas de uma nova eclesiologia para uma atuação social da Igreja no Terceiro Mundo e na implementação da nova linguagem da teologia católica no catolicismo não ocidental.

Teologia da libertação e teologia feminista

A questão da mudança na teologia católica no Vaticano II e além do Vaticano II afetou particularmente a posição teológica e sociopolítica da Igreja católica na América Latina. Os católicos latino-americanos que tomaram parte no Vaticano II exprimiram a necessidade que tinham de uma teologia que fosse socialmente mais consciente e politicamente mais responsável com base numa eclesiologia do "povo de Deus" e de uma teologia bíblica enraizada na ideia da história da salvação. Os bispos latino-americanos, por exemplo, exprimiram no Vaticano II a ligação entre os "sinais dos tempos" na situação política e social de suas Igrejas e a teologia do concílio. Em março de 1964, o Brasil experimentou um golpe de Estado militar, mas nas décadas de 1960 e 1970, todo o subcontinente latino-americano viu uma série de ditaduras militares, que invocavam a ameaça do comunismo na Guerra Fria e buscavam o apoio da Igreja católica na luta.

Nessa difícil situação política e social, a recepção do Vaticano II pelos católicos latino-americanos esteve entrelaçada com o papel do catolicismo, que mudava no continente. O Vaticano II revelara o rosto de uma Igreja mais global, que, ao mesmo tempo, estava mais engajada na situação do tempo presente, ou seja, "a alegria e a esperança, a tristeza e a angústia dos homens do tempo atual, sobretudo dos pobres e de todos os aflitos" (*Gaudium et spes* 1). A segunda assembleia do episcopado latino-americano em Medellín (1968) deixou clara a necessidade de uma implementação coordenada e atenciosa do Vaticano II.[37] O período de 1968 a 1975 marcou a época da formulação da "teologia da libertação".

Entre o início do período pós-Vaticano II e a década de 1980, os teólogos latino-americanos sustentaram que o Vaticano II foi a primeira parte de uma ponte formada pelo concílio, pela encíclica *Populorum progressio* (1967) de Paulo VI e pela assembleia de Medellín (1968). Assim, a teologia católica latino-americana recebeu o Vaticano II como o começo de uma nova teologia católica para a Igreja da América Latina:

> A Igreja latino-americana, como as comunidades eclesiais em nível de base, os teólogos da libertação e Medellín, fez sua a intuição que João XXIII teve da Igreja dos pobres, e tentou interpretar os grandes temas do concílio à luz dessa intuição. As declarações feitas em Medellín e o programa que estabeleceu são inexplicáveis sem referência ao concílio na luz dessa intuição.[38]

A assembleia de Medellín de 1968 foi uma experiência única na recepção global do Vaticano II e o maior esforço de uma Igreja continental para a recepção criativa do concílio. Os critérios foram uma recepção "fiel" do Vaticano II junto com uma recepção "criativa" (iniciando-se com a realidade do povo latino-americano como sinal dos tempos para a interpretação do concílio), o resultado final foi, como alguns dos mais eminentes teólogos

---

[37] SCATENA, Silvia. *In populo pauperum*: La chiesa latinoamericana dal concilio a Medellín (1962-1968). Bologna, Il Mulino, 2008.

[38] GUTIÉRREZ, Gustavo. The Church and the Poor: a Latin American Perspective. In: ALBERIGO, G. et alii. *The Reception of Vatican II*. Washington, DC, Catholic University of America Press, 1987, p. 193.

latino-americanos reconheceram, uma recepção seletiva do concílio, com uma ênfase na eclesiologia, liturgia e ecumenismo, e com um papel marginal para a teologia bíblica.[39]

A terceira assembleia dos bispos da América Latina em Puebla (1979) reafirmou a interpretação teológica do Vaticano II. A interpretação inicial do Vaticano II como o começo de uma nova avaliação teológica dos "sinais dos tempos" era evidente nas principais obras dos dois "teólogos da libertação" – o espanhol Jon Sobrino (1938-) e o brasileiro Leonardo Boff (1938-). Sobrino colocou como ponto de partida para a sua teologia da libertação a eclesiologia do Vaticano II: "A Igreja é o *povo* de Deus. Qualquer distinção entre hierarquia e fiel é secundária".[40] Sobrino afirmou que essa concepção da Igreja como comunidade perseguida, "partidária" dos pobres, era consistente com a eclesiologia do Vaticano II: "Essa definição cristã de 'perseguição da Igreja' parecerá nova apenas àqueles que não conseguiram entender o que há de novo na eclesiologia do Vaticano II".[41]

A necessidade de uma implementação eclesiológica do Vaticano II era evidente também na obra de Leonardo Boff, que acentuou o caráter de transição do Vaticano II:

> O Concílio Vaticano II procurou fazer um compromisso entre as duas grandes correntes eclesiológicas de *communio* e *sacra potestas*, sem, no entanto, alterar os contornos do conceito predominante de ministério...

---

[39] Ver BEOZZO, José Oscar. Medellín: Inspiration et Racines. In: *Volti di fene concilio*, p. 361-394.

[40] SOBRINO, Jon. *The True Church and the Poor*. Maryknoll, NY, Orbis, 1984 (trad. Matthew J. O'Connell. Original espanhol: *Santander, Sal Terrae*, 1981), p. 240.

[41] Ibid., p. 242.

Hoje nos defrontamos com práticas que, embora não *contra ordinem*, são, de fato, *praeter ordinem*. A história nos mostrou que práticas predominantes à margem da ordem comunitária muitas vezes acabam dinamizando essa ordem e conferindo a ela uma nova expressão eclesial, que mais tarde é oficialmente assimilada.[42]

A teologia da libertação originou-se de um ambiente histórico e cultural particular e ficou não apenas na memória, mas também na práxis do catolicismo latino-americano pós-Vaticano II, não obstante as condenações oficiais de Roma, que se iniciaram em meados da década de 1980. O legado da teologia da libertação ainda está ativo e o seu impacto atravessou fronteiras geográficas e metodológicas, incorporando a mais importante interpretação teológico-política do Vaticano II, que começou já durante o concílio. No final da primeira fase da teologia da libertação (1968-1975), os teólogos latino-americanos construíram uma ponte para outras formas de teologia da libertação, tais como "teologia negra" e "teologia feminista",[43] de maneira que na conferência "Theology in the Americas" [Teologia nas Américas] (Detroit, 1975), a teologia da libertação se tornou um termo "plural" – *teologias* da libertação.[44]

O que de fato constituiu um verdadeiro passo além da "letra" do Vaticano II foi o desenvolvimento de uma teologia feminista baseada na mudança hermenêutica realizada pelo concílio. Os padres conciliares não mostraram

---

[42] BOFF, Leonardo. *Eclesiogênese: as comunidades eclesiais de base reinventam a Igreja*. Petrópolis, Vozes, 1977 (trad. inglesa por Robert R. Barr, *The Base Communities Reinvent the Church*. Maryknoll, NY, Orbis, 1986, p. 68).

[43] Ver GIBELLINI, Rosino. *La teologia del XX secolo*. Brescia, Queriniana, 1992, p. 372-73; e *The Liberation Theology Debate* (trad. de John Bowden), Maryknoll, NY, Orbis, 1987.

[44] Cf. TORRES, Sergio; EAGLESON, John (ed.) *Theology in the Americas*. Maryknoll, NY, Orbis, 1976.

interesse por uma linguagem teológica neutra em relação ao gênero, e o Vaticano II como acontecimento teve como seus principais personagens apenas membros masculinos do clero.[45] Em 1965, um grupo de mulheres, lideradas por Gertrud Heinzelmann, fez um apelo aos padres conciliares com o panfleto "Não mais guardaremos silêncio! As mulheres se manifestam ao Concílio Vaticano II".[46] A teologia feminista nasceu na esteira da teologia latino-americana da libertação (1971-1972), e uma abordagem liberacionista comparável ao Vaticano II surgiu com a nova onda da teologia feminista, especialmente nos Estados Unidos, onde as teólogas feministas principais foram romano-católicas. O nascimento da teologia feminista católica estava ligado nos primeiros anos à revista *Concilium*, que explorou o tema "mulheres na Igreja" numa edição especial em 1975, editada pelo ecumenista católico Gregory Baum.[47] Dez anos mais tarde, *Concilium* criou uma seção especial para teologia feminista. A teologia feminista interpretava a teologia do Vaticano II de um ponto de partida bem diferente não só com respeito à questão das mulheres na Igreja, mas também por uma abordagem totalmente ecumênica, inter-religiosa, multicultural e sociopolítica da questão da Igreja:

> Nos últimos trinta anos eles [os movimentos de renovação teológica] tentaram transformar a Igreja pré-Vaticano II monárquica, exclusivista e fundamentalista numa Igreja que respeitasse a liberdade religiosa, privilegiasse a "opção pelos pobres" e lutasse para reformar o catolicismo

---

[45] Cf. MCENROY, Carmel. *Guests in Their Own House*: The Women of Vatican II. New York, Crossroad, 1996.

[46] HEINZELMANN, Gertrud. *Wir schweigen nich länger! Frauen äussern sich zum II. Vatikanischen Konzil*. Zürich, Intermeninas-Verlag, 1965.

[47] Para uma avaliação teológica que Baum faz da teologia após o Vaticano II, ver BAUM, Gregory. *Amazing Church*: A Catholic Theologian Remembers a Half-Century of Change. Ottawa, Novalis; Maryknoll, NY, Orbis, 2005.

à luz da visão democrática radical do povo de D*s [sic]. Embora o Concílio Vaticano II não enfrentasse especificamente o problema das mulheres, o estatus ekklesial [sic] das mulheres é o eixo para tal programa de reforma social e ekklesial [sic].[48]

Uma teologia feminista crítica da libertação não desafiou a autoridade do Vaticano II nem questionou os seus documentos finais, mas incorporou uma importante abordagem do concílio na teologia católica, especialmente no catolicismo dos Estados Unidos. Dentro da corrente do feminismo liberal, duas teólogas se destacaram: Anne E. Carr (1934-2008) e Elizabeth A. Johnson (1941-), que na década de 1970 participaram do "florescente movimento feminista" e escreveram "obras inovadoras de teologia feminista católica".[49] As obras de Carr e Johnson raramente se dirigiam ao Vaticano II em si, mas entendiam claramente o Vaticano II como uma mudança provisória – uma mudança a ser muito debatida na teologia católica. Na discussão de Elizabeth Johnson sobre a necessidade de desconstruir a leitura sexista da Bíblia e a linguagem sexista da teologia, o Vaticano II desempenhou claramente o papel do começo de um quadro teológico novo para a teologia católica. No seu livro inovador intitulado *She Who Is* [*Aquela que é*], Johnson ligou o novo modelo hermenêutico para o estudo da Bíblia dado por *Dei Verbum* e *Gaudium et spes*, no capítulo 29, sobre a atuação da mulher na sociedade:

---

[48] FIORENZA, Elizabeth Schüssler. Introduction: Feminist Liberation Theology as Critical Sophialogy. In: Id. (ed.). *The Power of Naming:* A Concilium Reader in Feminist Liberation Theology. Maryknoll, NY, Orbis; London, SCM Press, 1996, p. xiv.

[49] DORRIEN, Gary. *The Making of American Liberal Theology*: Crisis, Irony, and Postmodernity 1950-2005. Louisville, KY, Westminster John Knox, 2006, p. 431-32.

Nostrae salutis causa, "por causa de nossa salvação". Depois de muita angústia e debate no século XIX, e com acordo implícito, os textos sobre escravidão na Bíblia foram postos de lado e não guiaram mais o discurso e comportamento cristãos... A mesma dinâmica dirige agora a interpretação de textos sexistas da Bíblia, que de maneira análoga podem ser julgados, de acordo com a norma, como fornecendo salvação para a maioria das mulheres abusadas.[50]

A interpretação do conceito de tradição elaborada na *Dei Verbum* foi decisiva para a recepção feminista do Vaticano II: "Esta tradição, oriunda dos Apóstolos, progride na Igreja sob a assistência do Espírito Santo. Cresce, com efeito, a compreensão tanto das realidades como das palavras transmitidas" (*Dei Verbum* 8). Essa leitura da *Dei Verbum* ("o crescimento na compreensão das realidades"), junto com a eclesiologia de *Lumen Gentium* 12 ("a totalidade dos fiéis que receberam a unção do Santo"), exprime, por um lado, a pluralidade da Igreja em termos de masculino e feminino e, por outro lado, uma compreensão mutante dos diferentes componentes da Igreja em termos de gênero. Essa é a base para interpretação radical e criativa das feministas do Vaticano II.[51] Harriet Luckman, no ensaio "Vaticano II e o papel das mulheres", declara: "A visão e realizações do Vaticano II pareceriam esquisitas e talvez radicais se também não fossem heréticas aos romano-católicos durante a crise modernista do começo do século XX. Talvez uma Igreja igualmente radical surja das lutas do pós-Vaticano II do século XX e XXI".[52] Símbolo de uma das

---

[50] JOHNSON, Elizabeth A. *She Who Is*: The Mystery of God in Feminist Theological Discourse. New York, Crossroad, 1992, p. 79.

[51] NOCETI, Serena. Un caso serio della recezione conciliare: donne e teologia. *Richerche Teologiche* XIII/1 (2002), p. 211-24.

[52] LUCKMAN, Hariet A. Vatican II and the Role of Women. In: MADGES, William (ed.). *Vatican II Forty Years Later*. Maryknoll, NY, Orbis, 2005, p. 78-99, citação na p. 93.

maiores brechas dentro da teologia católica pós-conciliar, entre uma linguagem teológica estadunidense sensível ao gênero, por um lado, e o resto da teologia católica, por outro lado, a teologia feminista se originou nas escolas teológicas norte-americanas. Em comparação com a teologia da libertação latino-americana e sua difusão para outras áreas do catolicismo global, a teologia feminista permaneceu mais confinada à área da América do Norte.

Teologia católica em novos lugares: Vaticano II na África, Ásia e Australásia

Durante toda a sua história, até o século XX a teologia cristã foi, em geral, teologia europeia com uma extensão no Atlântico norte. O Vaticano II deu novas nacionalidades à teologia: não apenas a América Latina, mas também a África e Ásia. Graças à teologia do Vaticano II sobre a Igreja local e sobre religiões não cristãs, a teologia de adaptação e inculturação tomou o lugar da teologia tradicional da *salus animarum* ("salvação das almas") e da teologia puramente missionária da *plantatio ecclesiae* ("expansão da Igreja" e suas estruturas).

Uma passagem-chave na história da recepção do Vaticano II é a tradução de uma teologia católica marcada por suas raízes culturais gregas, europeias e ocidentais para uma cultura global. Para o Vaticano II ser percebido como "o começo" de uma nova era para a teologia católica, uma área crítica da recepção do Vaticano II foi a experiência não europeia e não ocidental do Vaticano II na África, Ásia e Australásia.[53] A África foi o continente mais marcado pela história das

---

[53] Para a recepção canadense do Vaticano II, ver ATTRIDGE, Michael; CLIFFORD, Catherine E.; ROUTHIER, Giles (ed.). *Vatican II: Experiences Canadiennes/ Canadian Experiences*. Ottawa, Les Presses de l'Université d'Ottawa, 2011.

missões cristãs do legado da cooperação entre colonialismo imperial e colonialismo cultural. A Ásia, o berço das grandes religiões pré-judaica e pré-cristã de Índia e China, colocou um formidável desafio teológico para a teologia cristã. Austrália tem uma tradição teológica que foi desenvolvida especificamente por e para australianos, mas a sua história com a colonização britânica, a sua herança indígena e o fluxo de populações imigrantes fez dela um dos postos avançados da paisagem religiosa globalizada. Esses três continentes diferentes adquiriram do Vaticano II um claro direito de desenvolver uma teologia inculturada. Para a história do catolicismo, o período pós-Vaticano II marca o começo dessas tradições teológicas regionais ou continentais.

A história da Igreja católica pós-Vaticano II e da recepção do Vaticano II na África e Ásia permanece amplamente não escrita, ou está confinada à percepção do catolicismo não ocidental como parte do sul global da cristandade do terceiro milênio.[54] É indiscutível, porém, que o Vaticano II, o primeiro concílio realmente global, marcou o começo de uma "Igreja mundial", e também com respeito às linguagens teológicas da recepção num mundo mudando de uma ordem mundial colonial para uma pós-colonial. Depois da importante contribuição dos bispos africanos no Vaticano II,[55] uma série de conferências teológicas se realizou em meados da década de 1970 na França, acentuando os *déplacements*, o "deslocamento" dos centros para a elaboração da

---

ROUTHIER, Gilles. *La réception d'un concile*. Paris, Cerf, 1993. ROUTHIER, Gilles. *Vatican II*. Herméneutique e réception. Montreal, Fides, 2006.

[54] JENKINS, Philip. *The Next Christendom*: The Coming of Global Christianity. New York, Oxford University Press, 2007.

[55] Para a contribuição dos bispos africanos, ver MESSINA, Jean-Paul. *Evêques africains au concile Vatican II (1959-1965)*. Paris, Karthala, 2000.

teologia pós-conciliar do hemisfério atlântico norte para as partes do sul e do leste do mundo. Esses deslocamentos diziam respeito a uma nova compreensão dos *loci theologici* do século XVI, "lugares" ou fontes dos quais são deduzidas provas ao fazer teologia.[56] Essa diversificação dos centros culturais e teológicos do catolicismo global tornou-se possível graças ao Vaticano II, que as Igrejas não europeias perceberam como o começo de uma deseuropeização da teologia católica num mundo pós-europeu e pós-colonial. Ao mesmo tempo, porém, é inegável que algumas das principais contribuições para o Vaticano II veio de uma tradição teológica firmemente ocidental, que tentava desmitificar o catolicismo popular e remover alguns pontos de contato entre devoções "pagãs" e cristianismo.

O caso da África foi particularmente interessante para a recepção do concílio e, em particular, para a reforma litúrgica e o novo vínculo entre Bíblia e liturgia. Num continente em que a descolonização coincidia com a criação de uma hierarquia católica local e com o Vaticano II e sua recepção, a implementação teológica do concílio concentrou-se na inculturação da teologia católica na cultura africana. Como foi atestado pelos conteúdos da exortação *Ecclesia in Africa* (1995) de João Paulo II após a Assembleia Especial para a África do Sínodo dos Bispos, realizada em 1994, o foco da recepção africana do Vaticano II foi sobre evangelização, inculturação, diálogo religioso, ecumenismo e atuação sociopolítica da Igreja no continente.[57]

---

[56] Ver JOSSUA, Jean-Pierre; METZ, Johann Baptist (ed.). *Fundamental Theology:* Doing Theology in New Places. New York, Seabury Press, 1979; número 115 (5/1978) da revista *Concilium*. AUDINET, Jacques et alii (ed.). *Le Déplacement de la théologie*. Paris, Beauchesne, 1977.

[57] NDI-OKALLA, Joseph; NTALOU, Antoine (ed.). *D'un synode africain à l'autre*: Réception synodale et perspectives d'avenir, Église et société en Afrique. Paris, Karthala, 2007.

Do ponto de vista pastoral, o Vaticano II significou uma participação maior para o uso da Bíblia na teologia africana e uma notável mudança no estilo litúrgico: "O efeito individual mais importante na África, em termos populares, do concílio foi a mudança no canto, nos hinos, na música, no uso de instrumentos musicais. A Igreja africana pré-conciliar colocou o seu coração na posse de um harmônio. A Igreja africana pós-conciliar dá glória usando os tambores".[58] Por outro lado, a implementação insuficiente da eclesiologia do povo de Deus e a ênfase na pessoa do padre foram recentemente identificadas, junto com a falta de treinamento na leitura da Bíblia, com a principal fraqueza da recepção do concílio na África.[59] Mas a mudança fundamental possibilitada pelo Vaticano II foi o nascimento de um verdadeiro discurso cristão africano libertado da "circuncisão" da Igreja europeia, do mesmo modo que o concílio de Jerusalém libertou os gentios da lei mosaica (Atos 15).[60]

A perspectiva africana foi importante graças à periodização sincronizada entre a celebração do Vaticano II e o fim da colonização. Embora a paisagem religiosa asiática tenha sido muito menos atingida pelo colonialismo do que a africana, o período após o Vaticano II também

---

[58] HASTINGS, Adrian. *African Catholicism*: Essays in Discovery. London, SCM Press; Philadelphia, Trinity Press, 1989, p. 128-29.

[59] Cf. METOGO, Éli Messi. Bible and Liturgy. In: Id. (ed.). *Concilium* 2006/4. London, SCM Press, 2006, p. 56-61. Ver também DANETTE, Henriette; METOGO, Éloi Messi. Le devenir de la théologie catholique en Afrique francophone depuis Vatican II; e UZUKWU, Elochukwu Eugene. Le devenir de la théologie catholique en Afrique anglophone depuis Vatican. *Transversalités*, n. 68 (1998), p. 91-118 e 61-90.

[60] HEBGA, Meinrad P. *Émancipation d'Églises sous tutelle*. Essai sur l'ère post--missionnaire. Paris, Présence africaine, 1976. Ver também MUZOREWA, Gwinyai H. *The Origins and Development of African Theology*. Maryknoll, NY, Orbis, 1985.

significou para o catolicismo asiático a emancipação da teologia missionária e a suposição de uma nova autodeterminação teológica. O crescimento da autoconsciência da teologia católica asiática foi realmente impressionante, mas o seu episcopado, durante o Vaticano II, não fora tão influente como o episcopado africano (exceto para os bispos indianos).[61] No entanto, as questões tinham muito em comum com a teologia pós-Vaticano II na África, na interpretação do futuro das igrejas asiáticas "com e além do Vaticano II".[62] Segundo Peter Phan, a recepção do Vaticano II na Ásia começou com a reforma litúrgica acompanhada por um esforço explícito de inculturação litúrgica:

> Enquanto a Igreja católica na América Latina estava mais preocupada com a opressão socioeconômica dos pobres e marginalizados e, portanto, estava mais concentrada na *libertação*, os cristãos asiáticos, ao mesmo tempo em que estavam também preocupados com as questões da justiça, estiveram mais envolvidos com a *inculturação* da fé cristã.[63]

O papel crucial de *Gaudium et spes* no debate sobre a hermenêutica do concílio teve origem (ainda que não exclusivamente) no papel desempenhado pela constituição pastoral no discurso teológico acerca da libertação e inculturação, que deu forma, logo após o Vaticano II, à

---

[61] Ver PULIKKAN, Paul. *Indian Church at Vatican II*: A Historico-Theological Study of the Indian Participation in the Second Vatican Council. Trichur, Kerala, Marymatha Publications, 2001.

[62] PHAN, Peter. "Reception" or "Subversion" of Vatican II by the Asian Churches? A New Way of Being Church in Asia. In: *Vatican II Forty Years Later*, p. 26-54, citação na p. 32.

[63] PHAN, Peter. Reception of Vatican II in Asia: Historical and Theological Analysis. *Gregorianum*, n. 83 (2002), p. 269-85, citação na p. 276. Agora também em PHAN, Peter C. *In Our Own Tongues*: Perspectives from Asia on Mission and Inculturation. Maryknoll, NY, Orbis, 2003, p. 201-14.

teologia do "sul global" católico. Para fazer uma comparação interessante, enquanto a recepção latino-americana de *Gaudium et spes* se concentrava na vida social e política na Igreja (parágrafos 63-76), a recepção asiática se concentrava no desenvolvimento da cultura no mundo de hoje (parágrafos 54-62).

O crescimento da teologia asiática foi acompanhado pela criação da Federação de Conferências Episcopais da Ásia entre 1970 e 1972, considerada "um marco na história do cristianismo na Ásia".[64] A teologia pós-Vaticano II asiática tinha como dimensões constitutivas o diálogo com outras religiões, em primeiro lugar, e diálogo ecumênico, em segundo lugar. Além disso, a consciência recém-descoberta do caráter original e não derivado do cristianismo da Ásia (tanto no Oriente Médio como na Índia e na China) acarretou enormes desafios teológicos para teologia católica. Em termos de eclesiologia, essa nova consciência exigiu uma eclesiologia mais descentralizada, menos dependente das formas medievais e tridentinas de governança eclesial. Do ponto de vista do equilíbrio teológico total, a paisagem religiosa da Ásia, na qual o cristianismo é uma minoria contra o pano de fundo das tradições religiosas que precedem a tradição judeo-cristã, exigia uma mudança da missão eclesiocêntrica para uma Igreja missionária cuja meta fosse o Reino.[65] Isso foi acompanhado por pesquisa teológica em busca de uma nova cristologia e uma nova compreensão da relação entre Cristo e as religiões pré-cristãs, o que criou tensões entre alguns importantes

---

[64] Ibid., p. 281.

[65] Ver AMALADOSS, Michael. *Mission in Asia*: A Reflection on Ecclesia in Asia; e PHAN, Peter C. *Ecclesia in Asia*: Challenges for Asian Christianity. In: PHAN, Peter C. (ed.). *The Asian Synod*: Texts and Commentaries. Maryknoll, NY, Orbis, 2002, p. 222-35 e 249-61.

teólogos asiáticos e o Vaticano, iniciando-se na década de 1990.[66] Mas, em geral, no centro da recepção asiática do Vaticano II estava a questão da "asiaticidade" da Igreja – não uma Igreja *na* Ásia, mas uma Igreja *da* Ásia. Como foi declarado nas conferências episcopais da Ásia em 1977, o Vaticano II na Ásia significava o desenvolvimento de "comunidades cristãs genuínas na Ásia – asiáticas na sua maneira de pensar, de orar, de viver, de comunicar a sua experiência própria de Cristo aos outros".[67]

Geograficamente perto do mundo asiático, mas culturalmente muito menos disposta a renunciar à herança ocidental da teologia católica, a especificidade da contribuição australiana para o debate acerca do Vaticano II é muito mais difícil de identificar. Os bispos australianos foram ativos no Vaticano II, mas muito mais como receptores ativos da mensagem do concílio do que atores do que estava acontecendo.[68] Todavia, eles foram uma das primeiras conferências de bispos de língua inglesa a aceitar, durante o concílio, o breviário em vernáculo e a estabelecer orientações para a liturgia tanto em inglês como

---

[66] Ver PANIKKAR, Raimundo. *The Unknown Christ of Hinduism*: Toward an Ecumenical Christophany. London, Darton, Longman & Todd, 1981. BELASURIYA, Tissa. *Planetary Theology*. Maryknoll, NY, Orbis, 1984. MACHADO, Felix A. Le developpement de la théologie de Vatican II à nos jours: Un point de vue sud-asiatique. *Transversalités* n. 68 (1998), p. 29-59.

[67] Ver ROSALES, Gaudencio; ARÉVALO, C. G. (ed.). *For All the Peoples of Asia*: Federation of Asian Bishops' Conferences, Documents from 1970 to 1991 (vol. 1). Maryknoll, NY, Orbis; Quezon City, Philippines, Claretian Publications, 1992, p. 70.

[68] Ver a série de artigos publicados por Jeff J. Murphy acerca dos bispos australianos no Vaticano II em *The Australasian Catholic Record*, começando em 2001, especialmente: The Far Milieu Called Home: Australian Bushops at Vatican II (The Final Session: 1965). *The Australasian Catholic Record*, n. 80/3 (2003), p. 343-69. LENNAN, Richard. Receiving Vatican II: The Australian Experience. *Journal of the Australian Catholic Historical Society*, vol. 26 (2005), p. 7-14.

em latim. De maneira semelhante ao que ocorreu no resto do catolicismo mundial, para a Igreja na Austrália, o período pós-Vaticano II significou um novo compromisso com a justiça social e a busca dos direitos humanos, apoio, educação, situação crítica dos refugiados, dos asilados e reconciliação indígena. No entanto, é digno de nota que alguns autores identificaram na Austrália, na década de 1980, o começo de uma divisão entre católicos: aqueles com um sentimento de "nostalgia católica" e aqueles convencidos de que a reforma e renovação não tinham ido bastante longe, especialmente em termos do impacto do feminismo e do crescimento da tomada de decisão democrática e colegial. Assim, o caso australiano ficou semelhante à polarização do catolicismo americano e europeu entre uma maioria "liberal" (os que viam o Vaticano II como o começo de um novo florescer) e uma minoria "conservadora" (os que viam o Vaticano II como o começo do declínio do catolicismo e de sua absorção dentro da cultura secular).[69]

O caso australiano – muito além dos limites históricos de um catolicismo do tipo *ancien regime*, europeu, missionário – representa um epílogo eloquente do primeiro período da recepção global do Vaticano II, junto com as recepções liberacionistas e feministas do Vaticano II. O debate dentro da Igreja australiana em torno do Vaticano II foi semelhante ao que aconteceu em outras igrejas,

---

[69] Como está evidente na obra de ROWLAND, Tracey. *Culture and the Thomist Tradition after Vatican II*. London, Routledge, 2003. Ver O'FARRELL, Patrick. *The Catholic Church and Community*: An Australian History. Sydney, UNSW Press, 1995, 3. ed. rev. Para a contribuição de dois notáveis teólogos australianos para o debate global sobre o Vaticano II, ver RUSH, Ormond. *Still Interpreting Vatican II*: Some Hermeneutical Principles. New York/Mahwah, NJ, Paulist Press, 2004. O'COLLINS, Gerald. *Living Vatican II*: The 21st Council for the 21st Century. New York/Mahwah, NJ, Paulist Press, 2006.

mas incorporou também uma espécie de efeito de repique depois do primeiro período de implementação. Em outras áreas, esse efeito de repique constituiu o começo do fim de tentativas de teologias católicas não ocidentais e mais criativas e radicais de "se apossar do Vaticano II", esclarecidas por sua decisão de seguir um caminho diferente: não anticonciliar, mas menos diretamente comprometido com a questão da interpretação do Vaticano II.

O resultado veio como consequência dos limites muito estreitos estabelecidos por uma política doutrinal pós-Vaticano II em termos de criatividade e do protagonismo das igrejas locais, das igrejas não ocidentais e da teologia das mulheres. No Sínodo dos Bispos de 1985 sobre a recepção do Vaticano II, ficou claro que o debate a respeito da importância do concílio era uma questão hermeneuticamente divisora para as igrejas católicas do Ocidente. Ao contrário, as igrejas católicas da África, Ásia e América Latina e a teologia feminista tinham enveredado por um caminho diferente, que foi negligenciado e logo esquecido pelo centro do catolicismo mundial.

Capítulo 4

A Igreja e o mundo: agostinianos e tomistas

Do Vaticano II ao pós-Vaticano II: as "duas tendências" novas

À medida que nos aproximamos das recepções teológicas do Vaticano II durante o pontificado de João Paulo II, entramos em contato com um duplo debate sobre a questão central do concílio, a saber, a relação entre a Igreja e o mundo. Não é exagero afirmar que essa questão estava na origem de uma brecha maior nas interpretações do concílio, uma brecha muito mais visível após o concílio do que durante ele.

O debate entre as diferentes interpretações foi apresentado, por tempo demais – especialmente nos meios de comunicação –, como um choque entre católicos liberais ou progressistas, de um lado, e católicos conservadores, do outro lado. Longe de negar a existência de orientações ideológicas diferentes no catolicismo contemporâneo, uma avaliação sadia da teologia desde o Vaticano II deveria notar que as raízes de espécies diferentes de recepção hão de ser encontradas, antes de tudo, não em filiações políticas ou ideológicas, nem na existência de uma "teologia teológica" oposta à "política doutrinal" da Cúria Romana, mas em pontos de vista teológicos sobre cristologia e eclesiologia e, mais profundamente, numa divisão teológica (e filosófica) entre neoagostinianos (filosoficamente próximos do platonismo) e neotomistas (filosoficamente próximos do aristotelismo).[1]

A distância entre essas duas correntes de interpretação das principais questões teológicas do Vaticano II está longe de ser uma invenção dos historiadores após o Vaticano II. Desde o começo do Vaticano II, o concílio era consciente do desenvolvimento de duas tendências principais. Durante o concílio, Gérard Philips, teólogo belga e secretário adjunto da Comissão Doutrinal do Vaticano II, descreveu de fato num ensaio, bem cedo, a divisão entre a maioria e a minoria:

> A presença de duas tendências na vida doutrinal da Igreja, a primeira ávida em permanecer fiel a uma mensagem mais tradicional, a segunda mais preocupada em divulgar a mensagem ao homem contemporâneo, é um fenômeno permanente e normal. Em certos momentos, porém, na história do pensamento teológico, a confrontação entre elas pode provocar discussões muito mais vibrantes e acabar em conflito.[2]

---

[1] Sobre essa divisão, ver KASPER, Walter. On the Church: A Friendly Reply to Cardinal Ratzinger. *America*, 23-30 abr. 2001, p. 8-14, originalmente publicado em *Stimmen der Zeit*, n. 12 (dez. 2000), p. 795-804. Para as reações de Joseph Ratzinger, cf. The Local Church and the Universal Church: A Response to Walter Kasper. *America*, 19 nov. 2001, p. 7-11, originalmente publicado em *Stimmen der Zeit* em dez. de 2000, e Die grosse Gottesidee "Kirche" ist keine Schwärmerei, publicado em *Frankfurter Algemeine Zeitung*, 22 dez. 2000. O debate começou com a obra de Joseph RATZINGER: L'ecclesiologia della costituzione Lumen Gentium, em: FISICHELLA, Rino (ed.) *Il Concilio Vaticano II: recezione e attualità alla luce del giubileo*. Cinisello B., San Paolo, 2000, p. 66-81. Uma síntese do debate encontra-se em MCDONNELL, Kilian, The Ratzinger/Kasper Debate: The Universal Church and Local Churches. *Theological Studies*, n. 63 (jun. 2002), p. 227-50.

[2] PHILIPS, Gérard. Deux tendances dans la théologie contemporaine. *Nouvelle Revue Théologique*, n. 85 (1963), p. 225-38, citação na p. 225.

Philips defendia a necessidade de voltar às fontes dos Padres da Igreja, um *ressourcement* teológico [a volta às fontes, sobretudo patrísticas], sem desprezar a contribuição da teologia escolástica, de Tomás de Aquino e da filosofia aristotélica. Segundo Philips, evitar essa evolução teológico-cultural seria perigoso e, especialmente, irreal; o *ressourcement* teológico era uma tarefa urgente, ainda que desafiadora, como declarou: "a transformação, é verdade, não vem sem dor".[3]

Philips escreveu esse famoso artigo no começo de 1963, e a sua interpretação do posicionamento das escolas teológicas no Vaticano II foi perspicaz e de longa duração. Depois do artigo de Philips, da primeira intermitência da primavera-verão de 1963 a dezembro de 1965, o concílio desdobrou e modificou a sua dinâmica interna, especialmente entre a *aula* de S. Pedro e o novo papa, Paulo VI (eleito em 21/06/1963). É, portanto, necessário, olhar além da primeira interpretação das "duas tendências" para a nova face dessa divisão, que podemos chamar agora de "linha divisória" entre neoagostinianos e neotomistas, seguindo a interpretação dada por Joseph Komonchak.[4]

Essa é uma avaliação mais do que ousada para dizer que há de novo duas novas tendências na teologia católica acerca do Vaticano II: a grande rachadura nas interpretações do Vaticano II constituiu a separação em torno da questão do papel de uma "teologia patrística, monástica e agostiniana" em oposição a uma "teologia neotomista". As concepções diferentes do papel central da primeira e da

---

[3] Ibid., p. 235.

[4] KOMONCHAK, Joseph A. Augustine, Aquinas, or the Gospel sine glosa? In: IVEREIGH, Augstin (ed.) *Unfinished Journey*: The Church 40 Years after Vatican II. Essays for John Wilkins. New York, Continuum, 2005, p. 102-118.

segunda lançam luz sobre a questão mais ampla da relação entre a Igreja e o mundo no debate acerca do Vaticano II. As feições do debate se tornam mais visíveis e recebem importantes avaliações teológicas tanto durante como depois do Sínodo Extraordinário de Bispos, de 1985, relativo à recepção do concílio.

Recepção neoagostiniana do Vaticano II

A interpretação da relação entre a cultura moderna e a antropologia cristã está no centro da divisão entre as duas tendências. A tendência neoagostiniana, por um lado, e a tendência comunitária ou escola neotomista, por outro lado, foram recentemente descritas em relação a diferentes antropologias necessárias para uma correta "hermenêutica dos autores" do Vaticano II. Nas palavras de Ormond Rush: "A escola agostiniana coloca a Igreja e o mundo numa situação de rivais; ela vê o mundo numa luz negativa. O mal e o pecado são tão abundantes no mundo que a Igreja devia ser sempre suspeitosa e desconfiada dele. Qualquer abertura para o mundo seria 'otimismo ingênuo'".[5] Na descrição de Avery Dulles, a tendência neoagostiniana vê a Igreja muito afastada de um mundo pecador, sendo "a Igreja uma ilha de graça num mundo entregue ao pecado".[6]

Essa tendência atraiu muitos teólogos, e não apenas aqueles membros do partido puramente conservador dentro do catolicismo do século XX. Alguns teólogos já foram mencionados, como os eminentes representantes

---

[5] RUSH, Ormond. *Still Interpreting Vatican II*: Some Hermeneutical Principles. New York/Mahwah, NJ, Paulist Press, 2004, p. 15.

[6] DULLES, Avery. The Reception of Vatican II at the Extraordinary Synod of 1985. In: ALBERIGO, Giuseppe; JOSSUA, Jean-Pierre; KOMONCHAK, Joseph A. (ed.). *The Reception of Vatican II*. Washington, DC, Catholic University of America Press, 1987, p. 353.

da *nouvelle théologie* ou do *ressourcement* da teologia católica do século XX. Joseph Ratzinger, Henri de Lubac, Jean Daniélou, Hans Urs von Balthasar e Louis Bouyer compartilhavam uma afinidade comum por uma teologia monástica, medieval, neoagostiniana e mantinham uma distância resoluta de uma interpretação neotomista do *aggiornamento* do Vaticano II.

A centralidade de Agostinho é plenamente visível e teólogos cuja posição em relação ao Vaticano II poderia ser definida como cética e até como crítica. Contudo, a biografia intelectual de muitos críticos neoagostinianos do Vaticano II tinha sido muito mais complexa do que a defesa de um programa meramente conservador. Por exemplo, o agostinianismo de Hans Urs von Balthasar (1905-1988) é visível em sua análise do catolicismo pós-Vaticano II. No entanto, em seu livro *Demolição dos bastiões*, publicado cerca de dez anos antes do concílio, von Balthasar exprimiu a necessidade de a Igreja não fazer mais "barricadas" contra o mundo.[7] Depois do concílio, o próprio von Balthasar viu apenas a primeira metade dessa abertura para o mundo, o *aggiornamento* conciliar. A segunda metade ainda estava para ser realizada. "A outra metade é uma reflexão sobre o próprio elemento especificamente cristão, uma purificação, um aprofundamento, um centramento de sua ideia, a única que nos torna capazes de representá-la, irradiá-la, traduzi-la de maneira crível no mundo."[8]

---

[7] VON BALTHASAR, Hans Urs. *Schleifung der Bastionen*. Einsiedeln, Johannes Verlag, 1952. Tradução em inglês: *Razing the Bastions:* On the Church in This Age, prefácio de Christoph Schonborn, trad. Brian McNeil, San Francisco, Ignatius, 1993.

[8] VON BALTHASAR, Hans Urs. *Durchblicke*. Einsiedeln, Johannes, 1990, p. 51 (trad. inglesa *My Work: In Retrospect*. San Francisco, Ignatius, 1993). Esse artigo foi originalmente publicado sob o título de "Rechenschaft" em *Communio*, n. 2 (1975), p. 197-220.

Na análise final, von Balthasar, refletindo sobre *Demolição dos bastiões* referentes à relação entre a Igreja e o mundo moderno, escreveu: "O impaciente sopro da trombeta convocando a Igreja a não mais fazer barricadas contra o mundo... não morreu sem ser ouvido, mas agora forçou o próprio trombeteiro a refletir mais profundamente".[9] No entanto, o Vaticano II deixou uma marca sobre o desejo de von Balthasar de uma Igreja mais aberta. Na sua opinião, o período entre 1965 e 1975 viu uma mudança radical na relação entre teologia e cultura. Ele viu em alguns aspectos da teologia pós-Vaticano II o resultado de um casamento entre o deísmo inglês (Herbert de Cherbury) e o historicismo e idealismo alemães (Hegel) às custas de Tomás de Aquino: "Esse [período pós-conciliar] é o batismo do Iluminismo e da teologia liberal desde Herbert de Cherbury até os dias de hoje... É o batismo do idealismo alemão, em cuja chave transcendental até o pensamento metafísico de Santo Tomás pode ser transposto".[10]

Em meados da década de 1970, a defesa que von Balthasar faz do papado contra o que chamou de fenômeno "perturbador" de sentimento antirromano, que se desenvolveu após o Vaticano II, estava centrada na eclesiologia de Agostinho. Vendo na atitude antirromana contemporânea uma versão moderna de heresias iniciais como donatismo e montanismo, von Balthasar acentuou a importância da eclesiologia de Agostinho: "O conceito de Agostinho sobre a Igreja é suficientemente flexível (sem se desfazer) para ver a essência mais íntima da Igreja na comunidade pura de amor".[11]

---

[9] Ibid.

[10] Ibid., p. 53.

[11] VON BALTHASAR, Hans Urs. *Der anitömische Affekt*. Freiburg, Herder, 1974. Trad. em inglês por Andrée Emery, *The Office of Peter and the Structure of the Church*, San Francisco, Ignatius, 1986.

Von Balthasar foi o exemplo mais destacado de teólogos católicos que não estiveram presentes nos debates do Vaticano II e que mantiveram distância da feroz discussão que ocorria no catolicismo após o Vaticano II. Mas a análise da tendência neoagostiniana ajuda na interpretação do papel de H. de Lubac e, em particular, de Ratzinger, cuja posição teve um profundo impacto na história da teologia após o concílio.

O ceticismo de Henri de Lubac (1896-1991) para com a antropologia do Vaticano II, e especialmente da *Gaudium et spes*, já era evidente durante o concílio. Vemos isso ao percorrer as páginas do seu "diário conciliar" entre 1964 e 1965 e no debate dos anteprojetos finais da constituição pastoral, no qual Lubac exprimiu duros julgamentos acerca das orientações fundamentais, e sobre o próprio conhecimento teológico básico de alguns proeminentes líderes da maioria conciliar.[12] A percepção de H. de Lubac sobre o Vaticano II não tinha nada em comum com a rejeição que Lefebvre tinha do concílio, pois Lubac permaneceu sempre leal ao Vaticano II como concílio legítimo da Igreja católica. Mas a sua compreensão do Vaticano II como uma "rendição" a um otimismo excessivo sobre o mundo moderno somente cresceria nos anos seguintes. Na "Introdução" a *Agostinismo e teologia moderna* (1971), Lubac escreveu: "Hoje testemunhamos um esforço que quer dissolver a Igreja no mundo... A corrente do imanentismo cresce irresistivelmente".[13] Ele desenvolveu uma

---

[12] DE LUBAC, Henri. *Carnets du Concile*, 2 vols. Paris, Cerf, 2007.

[13] DE LUBAC, Henri. *Augustinisme et théologie moderne*. Oeuvres complètes XIII. Paris, Cerf, 2008, p. xxiv (trad. em inglês por Lancelot Sheppard, *Augustinianism and Modern Theology*. New York, Crossroad, 2000).

análise do período pós-Vaticano II como um tempo em que o equilíbrio teológico entre natureza e graça fora interrompido em favor de uma confiança ingênua na natureza e no mundo contra a necessidade de graça e fé e contra a ideia de transcendência. Mas Lubac também viu uma dissonância entre o "concílio", por um lado, e o "paraconcílio", por outro lado – uma distinção que muitos outros adotaram depois dele:

> Assim como o Concílio Vaticano II recebeu numerosas instruções de teólogos acerca de vários pontos da tarefa que devia assumir, com dor do "desapontamento do mundo", assim também a Igreja "pós-conciliar" foi imediatamente e de todos os lados assaltada com intimações para acompanhar não o que o concílio tinha realmente dito, mas o que deveria ter dito.[14]

Imediatamente antes do sínodo de 1985, Henri de Lubac repetiu o seu ponto de vista sobre a situação pós-Vaticano II como uma crise sem precedentes na história da teologia católica e acentuou a necessidade de evitar, na interpretação do Vaticano II, a "interpretação analógica" dos documentos do concílio. Ele descreveu a relação entre o Vaticano I e o Vaticano II em termos inequívocos: "O Vaticano II completou a obra iniciada pelo Vaticano I... através de um ensino solene que confirma o ensino de toda a Tradição católica".[15] Quanto a isso, o julgamento positivo que Lubac faz das intervenções de Karol Wojtyla na subcomissão sobre ateísmo durante a redação da *Gaudium et*

---

[14] DE LUBAC, Henri. *Petite catéchèse sur nature et grâce*. Paris, Fayard, 1980 (trad. inglesa de Richard Arnandez, *A Brief Catechesis on Nature and Grace*, San Francisco, Ignatius, 1984, p. 235).

[15] DE LUBAC, Henri. *Entretien Autour de Vatican II: Souvenirs et Réflexions*. Paris, Cerf, 1985, p. 76.

spes apenas prenunciou a influência das visões de H. de Lubac sobre o futuro João Paulo II.[16]

Mas a apreciação de Joseph Ratzinger sobre a antropologia de Wojtyla foi ainda mais importante do que a influência de H. de Lubac sobre o pontificado de João Paulo II e sobre a história do debate acerca do Vaticano II. Ratzinger concordava com muita coisa que Lubac dizia sobre a situação pós-conciliar, mas como cardeal prefeito da Congregação para a Doutrina da Fé de 1981-1985 – e como papa depois da eleição em abril de 2005 –, Ratzinger tinha muito mais oportunidades para reforçar o seu julgamento. Realmente, o agostinianismo de Ratzinger remonta aos seus anos de estudante, na Alemanha governada por nazistas, quando a ideia da "Cidade de Deus" funcionava como antídoto ao totalitarismo político e ético que reinava na Alemanha, inclusive na católica Baviera.[17] Mas é a sua obra pós-doutoral sobre Boaventura que ajuda a compreender a futura avaliação geral da antropologia e eclesiologia do Vaticano II e sua evolução desde jovem teólogo em busca da renovação – como perito do cardeal Frings de Colônia durante o Vaticano II – até o indicado revisor do Vaticano II a partir de 1970.[18]

---

[16] Ver DE LUBAC, Henri. *Carnets du Concile*. RUGGIERI, Giuseppe. Delusioni alla fine del concilio. Qualche atteggiamento nell'ambiente cattolico francese. In: DORÉ, Joseph; MELLONI, Alberto (ed.). *Volti di fine Concilio*. Studi di storia e teologia sulla conclusione del Vaticano II. Bologna, Il Mulino, 2000, p. 193-224.

[17] VERWEYEN, Hansjürgen. *Joseph Ratzinger-Benedikt XVI*. Die Entwicklung seines Denkens. Darmstadt, Wissenschaftliche Buchgesellschaft, 2007, p. 20-21 e 114-15.

[18] WICKS, Jared. Six Texts by Prof. Joseph Ratzinger as *peritus* before and during Vatican Council II. *Gregorianum*, n. 89/2 (2008), p. 233-311. Sobre a visão que Ratzinger tinha do Vaticano II durante o concílio, ver o livro reimpresso em 2009 (orig. 1966) de RATZINGER, Joseph. *Theological Highlights of Vatican III* (com introdução de Thomas P. Rausch), New York/Mahwah, NJ, Paulist Press, 2009. Como exemplo da visão que Ratzinger tinha do

Bem desde o começo do período pós-Vaticano II, Ratzinger acentuou a importância de uma interpretação correta da nova abertura aos outros cristãos e aos problemas da humanidade. O concílio não era uma adaptação barata a uma mentalidade mundana, mas antes uma recuperação profunda da própria fonte da teologia – ou seja, o dever missionário para com o mundo.[19] O julgamento de Ratzinger sobre o Vaticano II estava centrado no papel de *Gaudium et spes*;[20] em particular, refletia a sua proximidade do pessimismo de Agostinho acerca da liberdade humana e, em geral, a rejeição de uma epistemologia tomista em favor de uma visão mais querigmática da fé cristã.[21]

De maneira muito significativa, Ratzinger estruturou o epílogo de seu *Princípios de teologia católica* em dois capítulos: "Revisão da era pós-conciliar: falhas, tarefas, esperanças" e "Igreja e mundo". Nessa última parte, Ratzinger reafirmou a necessidade de desmitologizar a década de 1960 e limitar o mito de que o concílio foi exatamente sobre o discernimento dos "sinais dos tempos", uma opinião que ele expressara por primeiro em meados de 1970:

> Um pouco da era de Kennedy invadiu o concílio, algo do otimismo ingênuo do conceito da grande sociedade. Foi exatamente a ruptura da consciência histórica, a rejeição

---

Vaticano II em meados da década de 1970, ver: RATZINGER, Joseph. Der Weltdienst der Kirche. Auswirkungen von *Gaudium et spes* in letzten Jahrzehnt. *Communio*, n. 4 (1975) p. 439-54. Em inglês: Church and World: An Inquiry into the Reception of Vatican Council II. In: RATZINGER, Joseph. *Principles of Catholic Theology: Building Stones for a Fundamental Theology* (trad. de Mary Frances McCarthy), San Francisco, Ignatius, 1987, p. 378-93.

[19] RATZINGER, Joseph. *Das Neue Volk Gottes*. Düsseldorf, Patmos, 1969, p. 115.

[20] Ver o comentário de Ratzinger à constituição pastoral *Gaudium et spes* em *Lexikon für Theologie und Kirche. Das Zweite Vatikanische Konzil*, vol. 3, Freiburg, Herder, 1968, p. 313-54.

[21] RATZINGER, Joseph. *Introduction to Christianity*, trad. J. R. Foster. New York, Herder and Herder, 1970.

autoatormentadora do passado que produziu o conceito de uma hora zero na qual tudo começaria de novo e todas as coisas que antes tinham sido feitas de maneira ruim agora seriam benfeitas.[22]

Segundo essa visão, fica claro porque a constituição pastoral *Gaudium et spes*, que trata da Igreja e do mundo moderno, está no centro da crítica de Ratzinger, pois ele declara: "A falta de clareza que persiste ainda hoje acerca do verdadeiro significado do Vaticano II está intimamente ligada a tal diagnóstico e, por conseguinte, a este documento".[23] Disse a seguir que as afirmações em *Gaudium et spes* "respiram um otimismo espantoso", resultando em nada menos que "uma revisão do *Syllabus* de Pio IX, uma espécie de contrassílabo", que pretendia inverter a posição negativa adotada por Pio IX contra os "erros" políticos e doutrinais da modernidade elencados no *Syllabus* de 1864.[24]

O agostinianismo de Ratzinger está na base não só de seu julgamento sobre a *Gaudium et spes* (uma apreciação que compartilhava, em 1965, com outros teólogos alemães no Vaticano II, como Karl Rahner), mas também em suas visões acerca da teologia da libertação e da teologia política de Jürgen Moltmann e Johann Baptist Metz. A suposição de Ratzinger de que o dualismo entre o "Reino de Deus" e a "ordem da história" é essencial ao cerne da fé cristã vem de sua obra pós-doutoral sobre Boaventura e dá forma a muitas de suas avaliações do Vaticano II. No entanto,

---

[22] RATZINGER, Joseph. *Principles of Catholic Theology:* Building Stones for a Fundamental Theology. San Francisco, Ignatius, 1987, p. 372. A primeira publicação desse artigo, "Der Weltdienst der Kirche. Auswirkungen vom *Gaudium et Spes* in letzten Jahrzehnt" é do número 4 da revista *Communio* (1975).

[23] Ibid., p. 378.

[24] Ibid., p. 381.

a sua visão das raízes teológicas do Vaticano II o indispõe com a percepção generalizada da "modernidade" do concílio. Ratzinger combateu a suposição dos teólogos "liberais" acerca da reconciliação entre teologia católica e modernidade, lembrando a eles as "raízes" da reorientação teológica do Vaticano II, ou seja, os Padres da Igreja:

> Hoje se está dizendo com frequência crescente que o concílio desse modo se colocou sob a égide da Ilustração europeia. Mas os Padres conciliares tinham um motivo diferente para a sua orientação; eles a derivavam da teologia dos Padres da Igreja, entre os quais Santo Agostinho, por exemplo, enfatizava fortemente a diferença entre a simplicidade cristã e a pompa vazia das liturgias pagãs.[25]

A defesa que Ratzinger fazia do agostinianismo combinava, durante os anos em que formou uma dura opinião sobre o Vaticano II, com a impressão de que os defensores da teologia escolástica no concílio tinham logo se rendido a uma espécie de neomodernismo. Ratzinger via esse novo modernismo na adoção de uma "interpretação utópica" do Vaticano II ligada, em último caso, a uma "teologia do mundo".[26]

Neotomistas "progressistas"

Uma segunda tendência fundamental na interpretação do Vaticano II pode ser chamada de tomismo pós-Vaticano II. A especificação "pós-Vaticano II" é necessária dada a complicada história das relações entre teólogos tomistas no Vaticano II. Como Rush explica:

---

[25] Ibid., p. 376.

[26] RATZINGER, Joseph. *Zehn Jahre nach Konzilsbeginn – wo stehen wir*. In: *Dogma und Verkündigung*. Munich-Freiburg, Wewel, 1973, p. 439-47, citação da p. 443.

O grupo progressista de tomistas pós-escolásticos antigamente unido, tendo rejeitado o tomismo da neoescolástica, está agora dividido, formando dois grupos na *aula*: (1) um novo grupo "progressista", que quer recuperar um tomismo reinterpretado e aconselha a abertura ao mundo, e (2) um novo grupo "conservador", que quer recuperar a visão agostiniana e aconselha cautela na relação entre a Igreja e o mundo.[27]

Enquanto o segundo grupo se tornou muito mais agostiniano do que tomista, o "tomismo reinterpretado" representou o outro lado do debate relativo à Igreja e ao mundo moderno. Esse grupo de "tomistas progressistas" incluía Yves Congar, Marie-Dominique Chenu e Edward Schillebeeckx – teólogos dominicanos que tinham sobrevivido não apenas à repressão pré-Vaticano II contra a "nova teologia", mas também à luta interna relativa à abordagem do tomismo que começara na década de 1940: "pode-se dizer que o movimento organizado chegou ao fim pelo tempo do segundo Concílio do Vaticano".[28] Os jesuítas Karl Rahner e Bernard Lonergan compartilhavam com esses dominicanos uma epistemologia fundamentalmente tomista. A avaliação histórica feita por Gerald McCool, historiador da universidade de Fordham, em 1989, do tomismo reconhece a contribuição de um tomismo que defende o lugar da história e do pluralismo na teologia: "Durante e depois do segundo Concílio Vaticano, os 'novos teólogos' foram incluídos entre os principais teólogos da Igreja e seus discípulos se tornaram os líderes da geração de teólogos que os sucederam".[29]

---

[27] RUSH, *Still Interpreting Vatican II*, p. 16.

[28] MCCOOL, Gerald. *The Neo-Thomists*. Milwaukee, Marquette University Press, 1994, p. 155-59, citação na p. 159.

[29] MCCOOL, Gerald. *From Unity to Pluralism*: The Internal Evolution of Thomism. New York, Fordham University Press, 1989, p. 225.

Uma apreciação positiva da história como instrumento para o trabalho teológico estava no centro da teologia dos neotomistas. Em sua pesquisa antes do Vaticano II, o dominicano francês Marie-Dominique Chenu (1895-1990) propôs uma historicização fundamental da teologia de Tomás de Aquino – que a teologia católica do século XX faria com a filosofia moderna e as ciências sociais o que Tomás tinha feito com Aristóteles no século XIII, mas agora baseado numa nova visão da relação entre fé e história, do primado da revelação na Escritura.[30] História e pluralismo estavam no centro da contribuição de Chenu para o debate no Vaticano II, como transparece no seu julgamento do esquema preparatório sobre o pecado original (outubro de 1962): "O esquema, redigido por P. Trapé, está construído exclusivamente dentro da teologia latina e, nesse marco, tem também um tom hiperagostiniano".[31] A ênfase de Chenu nos "sinais dos tempos" na interpretação do Vaticano II e especialmente da *Gaudium et spes* era consistente com a leitura dos novos fatos no catolicismo do Vaticano II como fontes teológicas, como "*loci theologici* em ato": a expansão missionária, o pluralismo das civilizações humanas, o movimento ecumênico e o apostolado do laicato.[32] A visão de Chenu sobre os "sinais dos tempos" era consistente com uma atualização da teologia de Tomás de Aquino:

---

[30] CHENU, Marie-Dominique. *Une école de théologie: le Saulchoir*. Kain-lez--Tournai, Etiolles, 1937, *La théologie comm science au XIIIe siècle*. Paris, Vrin, 1957. Ver também POWOROWSKI, Christophe. *Contemplation and Incarnation:* The Theology of Marie-Dominique Chenu. Montreal, McGill--Queen's University Press, 2001.

[31] CHENU, Marie-Dominique. *Diario del Vaticano II:* Note quotidiane al Concilio 1962-1963. Ed. de Alberto Melloni, Bologna, Il Mulino, 1995, p. 75-76 (orginal francês: *Notes quotidiennes au Concile:* Journal de Vatican II, 1962-1963. Paris, Cerf, 1995).

[32] QUISINSKY, Michael. *Geschichtlicher Glaube in einer geschichtlichen Welt.* Der Beitrag von Marie-Dominique Chenu, Yves Congar und Henri-Maire Féret zum II. Vaticanum. Münster, LIT, 2007.

Dado que a "sagrada doutrina" não se apresenta como um sistema de princípios abstratos cuja aplicação depende de uma casuística mental ou moral, mas, de acordo com Santo Tomás, como a Palavra de Deus que se desenvolve dentro da inteligência humana no ato de fé, os "sinais dos tempos" devem entrar, implícita ou explicitamente, no discernimento do impacto da Palavra na comunidade histórica dos fiéis.[33]

A distância entre Chenu e os agostinianos é clara quando consideramos a afirmação de Chenu de que a distinção entre pecado e graça "era inadequada em bases tomistas porque negligenciava a autonomia criada e a inteligibilidade do mundo da natureza, do homem e da história, e porque tendia a comprometer a autonomia metodológica das ciências que a estudam".[34] Portanto, entender o *aggiornamento* da Igreja que foi conquistado no Vaticano II exige compreender o cristianismo tanto em sua dimensão de "teologia em ato" como acontecimento em que, apenas com a ajuda das ciências sociais, a teologia poderia perceber os "sinais dos tempos". Para Chenu, a interpretação do Vaticano II era inseparável da percepção "do fim da era constantiniana", ou seja, o fim do acordo estrito entre o Altar e o Trono, entre a Igreja e o Estado: esse fenômeno não só era uma mudança na situação histórica e cultural do cristianismo ocidental, mas exigia também uma mudança na relação entre teologia e história.[35]

---

[33] CHENU, Marie-Dominique. Les signes des temps. Réflexion téologique. In: CONGAR, Yves; PEUCHMAURD, Michel (ed.). *L'Église dans le monde de ce temps* (vol. 2). Paris, Cerf, 1967, p. 205.

[34] KOMONCHAK. *Augustine, Aquinas, or the Gospel sene glosa?* p. 108.

[35] CHENU, Marie-Dominique. *La fin de l'ère constantinienne*. In: DUBOIS-DUMEE, Jean-Pierre (ed.) et alii. *Un Concile pour notre temps*. Paris, Cerf, 1961, p. 59-87. Ver também: CHENU, Marie-Dominique. *La chiesa nella storia*.

Gaudium et spes tinha uma importância semelhante na interpretação do Vaticano II segundo o teólogo dominicano holandês Edward Schillebeeckx, cujo princípio inspirador era que o Vaticano II tornou possível a redescoberta do cristianismo como um "acontecimento" graças também a uma nova fé no homem. Como Schillebeeckx colocou, "a renovada autoconsciência da Igreja na nova apreciação humana e cristã do mundo exige que ela redefina a sua posição ante o mundo secularizado. Dessa nova avaliação, o Esquema 13 [*Gaudium et spes*] deve dar testemunho solene".[36] O tomismo "progressista" de Schillebeeckx era visível na apreciação positiva da filosofia moderna. No seu comentário ao decreto sobre a formação para o sacerdócio, ele escreveu:

> Os estudos devem começar com uma iniciação global na história da salvação, uma espécie de quadro histórico-salvífico geral do mistério redentor em que vivemos. Isto é seguido por filosofia, que deve, pelo menos em seus conteúdos, estar sincronizada com a teologia. A filosofia deve estar centrada no homem, em seu mundo e em Deus.[37]

O dominicano francês Yves Congar (1905-1995), um dos mais importantes, senão *o* mais importante teólogo do concílio, pôs o foco mais na importância da história para a teologia.[38] A sua interpretação da relação entre tomismo e

---

Fondamento e norma della interpretazione del concilio. I-DOC 66-19 (12 out. 1966), p. 1-6.

[36] SCHILLEBEECKX, Edward. *The Real Achievement of Vatican II*. Trad. H. J. J. Vaughan, New York, Herder and Herder, 1966, p. 24.

[37] Ibid., p. 37.

[38] Por ocasião do falecimento de Congar em 1995, Avery Dulles disse: "O Vaticano II podia quase ser chamado de concílio de Congar". Dulles, citado em KERR, Fergus. *Twentieth-Century Catholic Theologians:* From Neo-Scholasticism to Nuptial Mysticism. Malden, MA, Blackwell, 2007, p. 34. Para a

teologia moderna começou no seminário de Le Saulchoir, em Etiolles, perto de Paris, onde concentrou o foco na teologia histórica, continuando com a publicação de suas obras fundamentais nos anos pioneiros do ecumenismo.[39] Congar passou anos difíceis na ordem dominicana por causa da repressão da "nova teologia" e por causa das restrições sofridas durante o pontificado de Pio XII.[40] No entanto, a relação complicada de Congar com a Cúria Geral da ordem dominicana e com outros teólogos dominicanos (como Michel Labourdette) não o afastou da teologia do Aquinata. Durante a primeira sessão do Vaticano II, Congar visitou o sul da Itália, não longe do local de nascimento de Tomás, e registrou em seu diário: "O que vejo me faz entender por que Santo Tomás foi tão atento aos árabes e gentios. Imagino um Santo Tomás muito atento, aberto e ativo para o mundo que tinha diante dele".[41] Um ano mais tarde, Congar lembrou a escola dominicana de teologia em Le Saulchoir como oferecendo "uma teologia ao serviço da Igreja para as necessidades do seu tempo, de acordo com a missão de Santo Tomás".[42] Mas o neotomismo de Congar o tornou muito crítico do neoescolasticismo. Pelo final do concílio, Congar criticou a tentativa extrema da Cúria Romana de reintroduzir a

---

importância de Congar, ver: FLYN, Gabriel (ed.). *Yves Congar, Theologian of the Church*. Louvain e Dudley, MA, Peeters; Grand Rapids, Eerdmans, 2005.

[39] CONGAR, Yves. *Chrétiens desunis*. Principes d'un "oecumenisme" catholique. Paris, Cerf, 1937; *Divided Christendom*: A Catholic Study of the Problem of Reunion. London, Bles, 1939; *Vraie et fausse réforme dans l'Église*. Paris, Cerf, 2001.

[40] CONGAR, Yves. *Journal d'un théologien 1946-1956* (ed. Étienne Fouilloux). Paris, Cerf, 2001.

[41] CONGAR, Yves. *Mon journal du concile* (ed. Éric Mahieu). Paris, Cerf, 2002, anotação em 09/12/1962.

[42] Ibid. anotação de 08/12/1962.

teologia neoescolástica como norma para as escolas e universidades católicas: "Seria o mesmo que usar Tomás de Aquino contra ele mesmo".[43]

O neotomismo de Congar nunca o cegou para a historicidade da teologia de Tomás e a necessidade de adotar antes a abordagem de Tomás do que as suas conclusões. A apreciação que Congar faz da eclesiologia do Vaticano II não podia escapar da obrigação de encontrar a necessidade para uma implementação da eclesiologia do Aquinata, especialmente concernente à ideia da "Igreja como comunhão" e a falta de uma teologia desenvolvida do episcopado e da colegialidade episcopal.[44]

Através das batalhas que fizeram do Vaticano II tal acontecimento epocal – sobre colegialidade episcopal, ecumenismo, eclesiologia e revelação divina – e durante a era pós-Vaticano II, Congar sempre permaneceu na arena lutando por uma renovação profunda da teologia católica. No começo do pontificado de João Paulo II, Congar exprimiu a convicção de que o Vaticano II fora antes de tudo um "acontecimento". A leitura que Congar fazia do Vaticano II negava firmemente que o concílio estivesse na origem da crise do catolicismo pós-conciliar.

> Não acredito que a atual crise seja o fruto do Vaticano II. Por um lado, muitos fatos perturbadores que vemos hoje já estavam a caminho na década de 1950, às vezes já na década de 1930. O Vaticano II foi seguido por uma mudança sociocultural cuja amplitude, radicalidade, rapidez e caráter global não têm equivalente em nenhum outro

---

[43] Ibid. anotação de 05/10/1965.

[44] CONGAR, Yves. Vision de l'Église chez S. Thomas d'Aquin. *Revue de sciences philosophiques et théologiques*, n. 62 (1978) p. 523-41; reimpresso em CONGAR, Yves. *Thomas d'Aquin*: sa vision de théologie et de l'Église. London, Variorum, 1984.

período da história. O concílio sentiu essa mudança, mas não soube de cada aspecto nem de sua violência.[45]

Congar acreditava que o Vaticano II conseguira algo semelhante ao que a revolução tomista obtivera no século XIII, mas, acima de tudo, percebeu a revolução institucional realizada pelo concílio:

> Graças à *Gaudium et spes* e à declaração sobre a liberdade religiosa [*Dignitatis humanae*], o Vaticano II, que citou frequentemente Santo Agostinho, conseguiu livrar a Igreja do "agostinianismo político". Sabemos que o "agostinianismo político" é uma posição que faz a validade das estruturas e das atividades temporais depender da sua conformidade com a justiça sobrenatural, pressupondo fé e amor. A revolução Albertino-tomista produzira, nesse sistema, uma brecha teologicamente decisiva. Do mesmo modo, o Vaticano II oferece um ato de magistério pastoral que envolve a Igreja toda.[46]

Uma visão neotomista semelhante da teologia pós-Vaticano II foi partilhada com Karl Rahner (1904-1984). A visão de Rahner do Vaticano II como "o começo de um começo" de uma nova era – isto é, o catolicismo como "Igreja mundial" – mantinha-se, todavia, fiel à ideia da necessidade de uma espinha dorsal filosófica para a teologia contemporânea. Antes do final do Vaticano II, Rahner escreveu:

> A virada de uma filosofia objetiva cosmocêntrica dos gregos para uma filosofia transcendental antropocêntrica dos modernos é perfeitamente cristã em princípio e

---

[45] CONGAR, Yves. Regard sur le Concile Vatican II. In: CONGAR, Yves. *Le Concile Vatican II*. Peuple de Dieu et corps du Christ. Paris, Beauchesne, 1984, p. 49-72, citação a p. 69.

[46] CONGAR, Yves. Église et monde dans la perspective de Vatican II. In: CONGAR, Yves; PEUCHMAURD, Michael. *L'Église dans le monde de ce temps*, vol. 3. Paris, Cerf, 1967, p. 31.

basicamente já começa com Santo Tomás; [mas] a "filosofia das escolas" eclesiástica tem muito ainda para se pôr em dia e salvar com respeito ao que foi desenvolvido fora isso.[47]

Rahner não viu a necessidade de uma mudança na relação entre teologia e filosofia. Ele via antes a necessidade de uma mudança na identidade cultural da filosofia, especialmente na autocompreensão cultural da Igreja como "Igreja mundial" (e não mais como "Igreja ocidental"):

> O Ocidente não precisa abandonar a sua síntese de teologia e filosofia em favor de uma tentativa de transmitir a mensagem, por assim dizer, nua do cristianismo sem a chamada "capa" da filosofia ocidental. Isto não quer dizer, contudo, que o mundo ocidental deva poder estender a sua filosofia tradicional de uma maneira tradicional para a filosofia mundial.[48]

Mais focado sobre a doutrina de Tomás da graça e a teoria do conhecimento foi o jesuíta canadense Bernard Lonergan (1904-1984), que preparou a teologia católica para um encontro com a ciência moderna (em seu livro *Intuição*) e com as ciências sociais modernas (em *Método em teologia*).[49] Depois de sua revolucionária leitura de Tomás de Aquino, Lonergan viu no Vaticano II uma mudança de uma cultura "classicista" para um mundo marcado por "consciência histórica". Em 1968, enquanto falava sobre o futuro do tomismo, Lonergan afirmou:

---

[47] RAHNER, Karl. Philosophy and Theology. In: *Theological Investigations Concerning Vatican II* (vol. 6). London, Darton, Longman & Todd, 1974, p. 79-80.

[48] Ibid., p. 80.

[49] LONERGAN, Bernard. *Insight*: A Study of Human Understanding. New York, Philosophical Library, 1957; *Method in Theology*. New York, Herder and Herder, 1972.

Hoje em dia há uma demanda de *aggiornamento* do nosso pensamento, assim como houve uma procura de *aggiornamento* no pensamento medieval inicial... Um tomismo para amanhã envolverá, primeiro, uma mudança das ênfases do tomismo clássico e, em segundo lugar, uma revisão dos resultados obtidos pela teologia medieval.[50]

Lonergan foi um dos exemplos mais importantes de uma evolução no tomismo do Vaticano II, ou seja, uma leitura neotomista da teologia e da cultura na era Vaticano II:

Esse desenvolvimento necessita de uma reestruturação completa da teologia católica, pois a abordagem dedutivista do passado era possível apenas à medida que faltava um conhecimento exato e detalhado. Enquanto as categorias escolásticas são substituídas por categorias mais importantes tiradas de tendências historicistas, fenomenológicas, existencialistas e personalistas, está ocorrendo uma mudança, na terminologia de Karl Rahner, de um ponto de vista cosmológico para um antropológico.[51]

A contribuição de Lonergan para os debates acerca do Vaticano II não era comparável à de Chenu ou de Congar. Contudo, Lonergan não estava menos consciente da necessidade da mudança provocada pelo Vaticano II:

Há mudanças não na autorrevelação de Deus ou em nossa fé, mas em nossa cultura. São mudanças como as que ocorreram quando os primeiros cristãos saíram da Palestina para o Império Romano... quando o escolasticismo se rendeu ao humanismo, à Renascença, à Reforma e à Contrarreforma. Nossa época é nova, e temos pela frente enormes tarefas. Mas muito provavelmente as

---

[50] LONERGAN, Bernard. The Future of Thomism. In: LONERGAN, Bernard. *A second Collection*, ed. William F. J. Ryan e Bernard J. Tirrell. London, Darton, Longman and Todd, 1974, p. 44 e 49.

[51] Ibid., p. 161.

superaremos, se nos dermos ao trabalho de compreender o que está acontecendo e por quê.[52]

O debate no Sínodo de 1985

Entre 24 de novembro e 8 de dezembro de 1985, 165 bispos representantes das conferências episcopais (e em parte indicados por João Paulo II) discutiram o papel do Vaticano II na Igreja pós-conciliar e desenvolveram alguns princípios para a recepção do concílio. O Sínodo Extraordinário dos Bispos de 1985 é um ponto de referência importante na história do debate acerca do concílio, apesar de que, como um observador chamou atenção, "de um ponto de vista procedimental e estrutural, o Sínodo Extraordinário de 1985 apresenta um bocado de anomalias".[53]

O Papa João Paulo II anunciara a reunião dessa "sessão extraordinária" do Sínodo dos Bispos apenas dez meses antes – em 25/10/1985 –, exatamente 26 anos depois que João XXIII anunciou o Vaticano II. O sínodo foi convocado a fim de celebrar o acontecimento do Vaticano II e avaliar a "aplicação" do concílio nos últimos vinte anos. Em preparação, o secretariado-geral do sínodo enviou aos patriarcas e aos presidentes das conferências episcopais um questionário. As respostas eram para ser usadas para preparar o relatório inicial. Segundo Alberto Melloni, as questões sugeriam de muitas maneiras a intenção de João Paulo II: "Muitas dessas questões particulares continham a pressuposição de que o sínodo demonstrasse os limites da recepção do Vaticano II". Melloni continua dizendo que

---

[52] Ibid., p. 163.

[53] ALBERIGO, Giuseppe. New Balances in the Church since the Synod. In: ALBERIGO, Giuseppe; PROVOST, James (ed.). *Synod 1985: An Evaluation*. Edinburgh, T. & T. Clark, 1986, p. 138-46, citação da p. 138.

no curto período de tempo dado (seis meses), o secretariado-geral recebeu 95 respostas das 136 possíveis: "Quase todas as respostas se distanciavam do tom negativo de parte do questionário do secretariado-geral e também das hipóteses de J. Ratzinger".[54]

De muitas maneiras, as respostas dos bispos *antes* do sínodo são "o seu fruto mais duradouro",[55] porque muitas noções desenvolvidas pelo Vaticano II foram supressas ou silenciadas quando os bispos se reuniram. Uma noção dessas foi a de "povo de Deus":

> Em algum momento entre o concílio e o sínodo se acreditou que para acentuar o mistério da Igreja era preciso minimizar a Igreja como Povo de Deus, a ponto de alguns observadores chegarem a falar que o sínodo "enterrou" a expressão "Povo de Deus". Nem as respostas pré-sinodais nem as intervenções sinodais exigiram esse desenvolvimento.[56]

Contudo, para a história do debate sobre o Vaticano II, o impacto do relatório final foi muito mais duradouro do que a consulta preparatória dos bispos.

No seu relatório final, o sínodo apresentou seis princípios para a interpretação sadia do Vaticano II, que Avery Dulles parafraseou como segue:

1. Cada passagem e documento do concílio há de ser interpretada no contexto de todos os outros, de modo que o sentido integral do concílio possa ser corretamente compreendido.

---

[54] MELLONI, Alberto. After the Council and the Episcopal Conferences: The Responses. In: *Synod 1985: An Evaluation*, p. 14-23, citações da p. 15 e 16.

[55] Ibid., p. 22.

[56] KOMONCHAK, Joseph A. The Theological Debate. In: *Synod 1985: An Evaluation*, p. 53-63, citação da p. 55.

2. As quatro principais constituições do concílio são a chave hermenêutica para os outros decretos e declarações.

3. O significado dos documentos não deve ser separado de seu conteúdo doutrinal nem ser colocado em oposição a ele.

4. Não se há de fazer nenhuma oposição entre o espírito e a letra do Vaticano II.

5. O concílio há de ser interpretado em continuidade à grande tradição da Igreja, incluindo os concílios anteriores.

6. O Vaticano II deve ser aceito como iluminador dos problemas de nosso tempo.[57]

O crédito do relatório final (*relatio finalis*) do sínodo foi dado ao cardeal Godfried Danneels (bispo de Malines-Bruxelas, Bélgica) e ao teólogo alemão e secretário do sínodo, Walter Kasper (nomeado cardeal em 2001). A interpretação eclesiológica que Kasper faz do Vaticano II era visível na introdução da *relatio*, na qual o Vaticano II foi definido como uma "graça de Deus e um dom do Espírito Santo, do qual procederam muitos frutos espirituais *para a Igreja universal e as igrejas particulares*, bem como para os homens de nosso tempo".[58] De um ponto de vista histórico, a leitura da recepção do Vaticano II estava muito mais perto do "otimismo" do próprio concílio do que do "ceticismo" que muitos bispos e teólogos católicos sentiram mais

---

[57] DULLES, Avery. The Reception of Vatican II at the Extraordinary Synod of 1985. In: *The Reception of Vatican II*, p. 349-63, citação da p. 350. Ver também *The Final Report of the 1985 Extraordinary Synod*. Washington, DC, National Conference of Catholic Bishops, 1986; TILLARD, Jean-Marie. Final Report of the Last Synod. In: *Synod 1985: An Evaluation*, p. 64-77.

[58] *The Final Report f the 1985 Extraordinary Synod*, I.2 (itálico meu).

tarde em relação ao concílio, no começo do século XXI, apesar das "reversões" visíveis impostas pelo Sínodo dos Bispos de 1985, sobre como a eclesiologia do Vaticano II já fora recebida entre 1965 e 1985.

A *relatio* do sínodo tratava da interpretação da *Gaudium et spes* e dava ênfase à teoria e à prática da inculturação e do diálogo com religiões não cristãs e com não crentes. A *relatio* propunha um papel mais visível para a teologia da cruz na pregação e na própria teologia, exprimindo assim uma visão menos otimista da relação entre a Igreja e o mundo. Mas não defendia uma interpretação da constituição pastoral que fosse separada dos "sinais dos tempos". Como a *relatio* afirma: "Os sinais do nosso tempo são em parte diferentes do tempo do concílio, com maiores problemas e angústia".[59]

A mudança na perspectiva sobre a Igreja e o mundo tornou o sínodo o momento decisivo para o aumento da recepção neoagostiniana do Vaticano II dentro da orientação doutrinal do pontificado de João Paulo II. É correto ver no papel da constituição pastoral *Gaudium et spes* e na sua antropologia muitas das raízes dos desacordos no catolicismo pós-Vaticano II: os teólogos neoagostinianos tiveram uma atuação importante ao desafiar uma leitura complacente do Vaticano II em sua relação com o mundo moderno e as "realidades terrenas", especialmente como foram tratadas em *Gaudium et spes* n. 54-62.

O Sínodo Extraordinário dos Bispos de 1985 foi um marco importante porque representou a primeira grande tentativa do pontificado de João Paulo II de orientar a recepção do Vaticano II na direção por ele desejada. Como

---

[59] Ibid. II.D.1.

arcebispo de Cracóvia, o próprio papa fora padre conciliar e participante ativo nos debates em São Pedro e na comissão conciliar para a redação da *Gaudium et spes*. O sínodo refletiu alguns aspectos do seu estilo, e os resultados finais do sínodo revelaram a complexidade de sua interpretação do Vaticano II: um claro progresso nas questões *ad extra* (ensinamento social, ecumenismo, diálogo inter-religioso) e uma abordagem mais conservadora das questões *ad intra*. Essa complexidade ficou clara já nos passos finais do Código de Direito Canônico de 1983, que reuniu com uma grande quantidade de "ambiguidade" dois elementos diferentes, ou seja, a eclesiologia principalmente tridentina e jurídica da *societas* e a eclesiologia mais teológica da *communio*.[60]

Nos debates no sínodo e nos seus documentos finais, era claramente possível ver que algumas decisões teológicas feitas pelo Vaticano II tinham sido revisadas e reinterpretadas por João Paulo II. A noção da Igreja como "povo de Deus" perdeu o ímpeto que ganhara vinte anos antes no concílio. A ideia de um "catecismo universal", posto de lado pelo concílio, foi revisada, graças à sugestão proveniente de algumas conferências episcopais (inclusive as dos Estados Unidos, Coreia, Senegal e Burundi), e assim abriu o caminho para o *Catecismo da Igreja Católica* publicado pela Santa Sé em 1992. A *relatio* distinguia entre a colegialidade episcopal e suas "realizações parciais", como o Sínodo de Bispos, as conferências episcopais, a Cúria Romana, as visitas *ad limina* etc., tentando limitar o

---

[60] Ver o excelente ensaio de Eugênio CORECCO, Aspects of the Reception of Vatican II in the Code of Canon Law, em *The Reception of Vatican II*, p. 249-96, esp. p. 295: "O fato de que vinte anos após o concílio o Código não ter evitado essa ambiguidade não é claramente uma razão para se ter nenhuma satisfação". Ver também PRUSAK, Bernard P. *The Church Unfinished*: Ecclesiology Through the Centuries. New York/Mahwah, NJ, Paulist Press, 2004.

alcance da colegialidade à relação entre o papa e os bispos. A atuação das conferências episcopais, enquanto evidentemente reforçadas pelo processo da recepção do Vaticano II e pela mecânica muito concentrada em Roma do Sínodo de Bispos, foi decisivamente reduzida a mero instrumento e privado de verdadeiro sentido eclesiológico. Essa "recepção institucional" do Vaticano II pela Cúria Romana foi personalizada e conduzida pelas visões teológicas que o cardeal Ratzinger exprimira no seu *best-seller* de 1985, o *Rapporto sulla fede* [*O relatório de Ratzinger*] e mais tarde confirmado no relatório de 1986 da Comissão Teológica Internacional, que era presidida por ele.[61]

O relatório final do Sínodo Extraordinário de Bispos de 1985 refletia algumas das tensões que surgiram na recepção global do Vaticano II após 1965, mas também revelou e cimentou os efeitos de longa duração das tendências hermenêuticas divergentes que estavam presentes no catolicismo pós-Vaticano II. O teólogo Gilles Routhier, da Universidade Laval em Quebec, viu corretamente um momento crucial no sínodo, no sentido de que era "o começo de um processo de desqualificação gradual, mas segura, de alguns dos intérpretes do Vaticano II e de uma redução das possíveis interpretações dos documentos conciliares".[62]

---

[61] Acerca do debate sobre as conferências episcopais e o papel do cardeal Ratzinger, ver KOMONCHAK, Joseph A. The Roman Working Paper on Episcopal Conferences. In: REESE, Thomas J. (ed.) *Episcopal Conferences.* Historical, Canonical and Theological Studies. Washington, DC, Georgetown University Press, 1989, p. 177-204. FAGGIOLI, Massimo. *Prassi e norme relative alle conferenze episcopali tra concilio Vaticano II e post-concilio (1969-1998).* In: MELLONI, Alberto; SCATENA, Silvia (ed.). *Synod and Synodality:* Theology, History, Canon Law and Ecumenism in New Contact. Münster, LIT, 2005, p. 265-96.

[62] ROUTHIER, Gilles. *L'Assemblée extraordinaire de 1985 du synode des évêques:* moment charnière de relecture de Vatican II dans l'Église catholique.

É verdade que o sínodo marcou o começo de uma rachadura entre diferentes interpretações do concílio. Duas descrições da rachadura dentro do catolicismo pós-Vaticano II são dignas de nota e estão ligadas à brecha mais ampla entre neoagostinianos e neotomistas. A primeira vem de Joseph Komonchak, que deu uma tripla descrição das posições católicas acerca do Vaticano II entre os anos 1980 e 1990. Komonchak via a interpretação "progressista" do concílio, que punha ênfase na ruptura entre catolicismo pré-conciliar e pós-conciliar, como "tradicionalista", ao entender tal ruptura como desvio cismático da tradição da Igreja; e como uma posição "mediadora", cujo intérprete mais importante é Joseph Ratzinger, com a sua avaliação da recepção do Vaticano II centrada da suposição de "um contraste entre a visão encarnacional e escatológica da relação da Igreja com o mundo", tendo Ratzinger "deixado claro a sua preferência pela última".[63]

Não menos interessante é a descrição tríplice do debate acerca do Vaticano II feita por Avery Dulles imediatamente após o sínodo. Dulles via uma tendência "neoagostiniana", uma "escola comunitária" (como se referia ao neotomismo) e uma recepção "liberacionista" do Vaticano II. A interpretação liberacionista do Vaticano II estava enraizada na teologia e no episcopado dos países não norte-atlânticos (especialmente África e América Latina) e

---

In: BORDEYNE, Philippe; Willemin, Laurent (ed.). *Le concile et la théologie*. Perspectives pour le XXIe siècle. Paris, Cerf, 2006, p. 61 88, citação da p. 80.

[63] KOMONCHAK, Joseph A. Interpreting the Council: Catholic Attitudes Toward Vatican II. In: WEAVER, Mary Jo; APPLEBY, R. Scott (ed.). *Being Right*: Conservative Catholics in America. Bloomington, Indiana University Press, 1995, p. 17-36, citação da p. 34. Ver também: KOMONCHAK, Joseph A. *Thomism and the Second Vatican Council*. In: CERNERA, Anthony J. (ed.). *Continuity and Plurality in Catholic Theology*: Essays in Honor of Gerald A. McCool. Fairfield, CT, Sacred Heart University Press, 1998, p. 53-73.

era sustentada pelos defensores da teologia da libertação, que desejavam uma Igreja politicamente comprometida que fosse confrontante e militante. Por outro lado, a escola comunitária tinha uma perspectiva humanista convencida de que grande progresso fora feito como resultado do Vaticano II e que era necessário implementar as estruturas colegiais e sinodais dentro da Igreja católica. Atualmente, o papel da tendência da escola neoagostiniana e neotomista foi decisiva, embora nem sempre visível, em dar forma ao debate acerca do Vaticano II nos primeiros cinquenta anos de sua recepção.

Nessa direção, a obra de David Tracy, com a sua distinção entre imaginação analógica e dialética para a teologia cristã, retrata um aspecto definidor da teologia pós-Vaticano II na cultura do pluralismo, onde a teologia cristã constrói uma correlação entre as duas fontes do discurso cristão, a saber, textos cristãos, experiência e linguagem humana comum. A contribuição de David Tracy para o debate teológico pós-Vaticano II lança luz sobre a forma do debate acerca do concílio. Ainda que não tenha participado diretamente do debate em relação ao Vaticano II, a principal obra de Tracy, *The Analogical Imagination* [*A imaginação analógica*, 1981], reconhecia as tensões que estavam claramente visíveis no catolicismo pós-Vaticano concernentes ao vínculo entre a Igreja e o mundo moderno e a interpretação de *Gaudium et spes*.[64] Ao associar "imaginação analógica" com a aceitação que o catolicismo faz de metáfora, sacramento e imagem, e associar "imaginação dialética" com a ênfase na ideia protestante da ina-

---

[64] TRACY, David. *The Analogical Imagination*: Christian Theology and the Culture of Pluralism. New York, Crossroad, 1981, esp. p. 202-18 e 317-24. Ver também, de Tracy: *Blessed Rage for Order*. New York, Seabury Press, 1975.

cessibilidade de Deus, Tracy parafraseou a tensão dentro da teologia católica entre neotomistas (imaginação analógica) e neoagostinianos (imaginação dialética).

Contudo, é digno de lembrança que, mesmo na teologia católica pós-Vaticano II, os neoagostinianos e neotomistas não são tão conflitantes e mutuamente excludentes como pode parecer: "Como sistemas especulativos, o agostinianismo e o tomismo se opõem um ao outro. Mas nenhum pode excluir o outro".[65] Entender a rachadura entre agostinianismo e tomismo é fundamental para entender o debate acerca do Vaticano II e o reaparecimento de uma "brecha teológica" entre as duas escolas. Mas deve ficar claro que essa brecha originou-se com um acontecimento excepcional na teologia católica do século XX, ou seja, a superação do neoescolasticismo. "Foi Karl Rahner e Hans Urs von Balthasar, acima de todos, que estabeleceram o modelo para o avanço em nosso século; e foi assim, embora mais tarde eles tivessem de se separar em certa medida – ou talvez por esse mesmo motivo".[66]

---

[65] MCCOOL, Gerald. *From Unity to Pluralism*: The Internal Evolution of Thomism. Fordham University Press, 1989, p. 216.

[66] KASPER, Walter. *Theology and Church*. New York, Crossroad, 1989, p. 1.

Capítulo 5

O choque de narrativas

Pesquisa pós-sinodal sobre o que de fato aconteceu no Vaticano II (1985-2005)

Supunha-se que o Sínodo de Bispos de 1985 sobre o Vaticano II resolvesse a controvérsia a respeito da hermenêutica do concílio e impusesse orientações oficiais para a sua recepção, mas essas expectativas não se realizaram. O sínodo foi seguido de um esforço intelectual ainda mais vibrante para se descobrir o sentido do que acontecera no Vaticano II, através de uma série de estudos sobre a história do concílio. Contudo, mais conhecimento acerca da história do concílio parece ter obtido menos acordo sobre o papel do Vaticano II na Igreja no século XXI.

Como Richard John Neuhaus escreveu em 1987, antes de sua conversão ao catolicismo romano: "Aconteceu algo chamado Vaticano II, e existe uma concordância geral sobre muito do que aconteceu".[1] Então era claro que essa "concordância geral" se baseava mais num sentimento de pertença à mesma geração de fiéis e teólogos católicos do que no conhecimento histórico acerca do que realmente acontecera no concílio. Até a década de 1980, os estudos histórico-teológicos sobre o Vaticano II sabiam pouco além

---

[1] NEUHAUS, Richard John. *The Catholic Moment*: The Paradox of the Church in the Postmodern World. San Francisco, Harper & Row, 1987, p. 39.

dos fundamentos relacionados ao desenvolvimento dos documentos, o papel dos diferentes atores (bispos, teólogos), o papel da Cúria Romana e as influências das Igrejas não católicas e do mundo como testemunhas dos debates entre os padres conciliares. Além da concordância geral, a tensão entre dois partidos era visível já na década de 1980, no pano de fundo do debate teológico. Neuhaus afirmou:

> Quando se chega à interpretação do concílio, há um "partido da descontinuidade" e um "partido da continuidade": o primeiro falando da Igreja pré-Vaticano II e da Igreja pós-Vaticano II quase como se elas fossem diferentes; o segundo afirmando a continuidade da Igreja de uma maneira que quase sugere que no Vaticano II não aconteceu nada importante. Cada partido tem os seus próprios princípios hermenêuticos para interpretar o Vaticano II, e os princípios são frequentemente empregados de uma maneira que lembra o que na crítica literária se chama de "desconstrucionismo", uma abordagem que tende a acabar negando a realidade do texto.[2]

Neuhaus observou que, depois do Sínodo dos Bispos de 1985, um fato se tornou ainda mais claro: "Em todas as definições cambiantes de lados e alinhamentos, a disputa sobre a interpretação do Vaticano II constitui uma frente de batalha crítica em nossas guerras culturais contínuas da sociedade".[3]

Visível não apenas nos Estados Unidos, mas também na Europa e na América Latina desde o final dos anos 1980, essa divisão sobre a hermenêutica do Vaticano II convidou os historiadores e teólogos a entrarem numa nova fase de pesquisa sobre o concílio. Em 1987, o teólogo alemão

---

[2] Ibid., p. 49.

[3] Ibid., p. 61.

Hermann J. Pottmeyer chamou a atenção para o começo dessa nova fase na recepção do Vaticano II, dada a falta fundamental de princípios hermenêuticos para a interpretação e recepção das decisões conciliares. Ele escreveu:

> Duas abordagens interpretativas estão em conflito, especialmente na segunda fase de recepção: uma olha exclusivamente para os novos começos produzidos pela maioria conciliar, a outra olha exclusivamente para as declarações que foram tiradas dos esquemas preparatórios por instigação da minoria e refletem a teologia pré-conciliar.[4]

A terceira fase de recepção exigiu conhecimento da "história do texto dentro do concílio": o estudo das atas e dos debates conciliares e de documentos como diários, cartas e relatórios, que, segundo Pottmeyer, "forneceriam a base para uma nova fase na recepção do Vaticano II".[5]

Depois da publicação, em 1987, do volume seminal *A recepção do Vaticano II*,[6] a comunidade internacional de estudiosos do Vaticano II começou, em 1988, a pensar na necessidade de uma história do concílio que fosse internacional, multidisciplinar e de muitos volumes. Sob a condução de Giuseppe Alberigo (1926-2007), diretor do Istituto per le Scienze Religiose di Bologna, começou em dezembro de 1988 uma série de conferências que reuniram historiadores e teólogos de todos os continentes.[7] O objetivo

---

[4] POTTMEYER, Hermann J. *A New Phase in the Reception of Vatican II*: Twenty Years of Interpretation of the Council. In: ALBERIGO, Giuseppe; JOSSUA, Jean-Pierre; KOMONCHAK, Joseph A. (ed.). *The Reception of Vatican II*. Washington, DC, Catholic University of America Press, 1987, p. 37.

[5] Ibid., p. 41.

[6] Note-se que o coeditor Giuseppe Alberigo tornou-se depois o principal edito da *História do Vaticano II* em cinco volumes.

[7] Ver FAMEREE, Joseph. Vers une histoire du Concile Vatican II. *Revue d'Histoire Ecclésiastique*, n. 89 (1994), p. 638-41; FAGGIOLI, Massimo. *L'Institut pour les sciences religieuses de Bologne et la recherche sur Vatican II*.

do projeto era mais do que apenas precisão filológica na história dos documentos individuais:

> A pergunta a ser respondida não é simples: "Como se chegou à aprovação dos decretos do Vaticano II?", mas acima de tudo: "Qual foi o verdadeiro curso do Vaticano II e qual é a sua importância?". Mas, podemos perguntar, uma reconstrução histórica confiável de um acontecimento tão recente pode ser feita tão cedo? Um tratamento histórico rigoroso é possível depois de trinta anos? Em 1988, uma equipe internacional de historiadores se fez exatamente esta pergunta ao examinarem a viabilidade de uma história do Vaticano II. Depois de uma ampla discussão, os historiadores concordaram que uma história era realmente possível.[8]

Começara assim uma nova fase na recepção do Vaticano II com uma nova série de estudos sobre a importância histórica do concílio. Entre 1988 e 1999, conferências internacionais foram realizadas em Paris, Leuven e Louvain-la-Neuve, Houston, Lyon, Würzburg, Moscou, Bologna e Estrasburgo.[9]

Éléments pour une histoire de l'Histoire du Concile Vatican II dirigée par Giuseppe Alberigo. In: COULON, Paul; MELLONI, Alberto (ed.). *Christianisme, mission et cultures*. L'arc en ciel des défis et des réponses XVIe-XXIe siècles. Paris, Karthala, 2008, p. 61-74.

[8] ALBERIGO, Giuseppe. Prefácio a *History of Vatican II*, vol. 1, Announcing and Preparing Vatican Council II Toward a New Era in Catholicism (Joseph A. Komonchak, ed.), Maryknoll, NY, Orbis, 1996, p. xiii. Ver também: ALBERIGO, Giuseppe; MELLONI, Alberto (ed.). Per la storicizzazione del Vaticano II. *Cristianismo nella Storia*, n. 13/3 (1992).

[9] "À la veille du Concile Vatican II. Vota et réactions en Europe et dans le Catholicisme oriental" (Louvain et Louvain-la-Neuve, 23-25 out. 1889); "Christianity and Churches on the Eve of Vatican II" (Houston, 12 15 jan. 1991); "Vatican II commence... Approches Francophones" (Lyon, 27-29 mar. 1992); "Der Beitrag der deutschsprächigen und osteuropäischen Länder zum Zweiten Vatikanische Konzil" (Würzburg, 17-19 dez. 1993); "Les Commissions conciliaires à Vatican II" (Louvain et Louvain-la-Neuve, 7-10 jul. 1994); "Vaticain II à Moscou (1959-1965)" (Moscou, 30 mar. a 2 abr. 1995); "L'evento, l'esperienza e i documenti finali" (Bologna, 12-15 dez. 1996); "Vatican II au but? Espoirs, craintes, déceptions, perspectives" (Klingenthal/Strasbourg,

As atas das conferências[10] lançaram os fundamentos do estudo histórico de *História do Vaticano II*, em cinco volumes.[11] A história também se tornou possível graças às *Acta* oficiais do concílio publicadas pelo Vaticano.[12] A *História* em cinco volumes proveu a comunidade internacional de estudiosos com novos dados para pesquisa sobre os principais personagens do Vaticano II, sobre a recepção do Vaticano II nas igrejas locais,[13] sobre diários e documentos

---

11-14 mar. 1999). Ver: ALBERIGO, Giuseppe (ed.). *L'officina bolognese 1953-2003*. Bologna, EDB, 2004, p. 63-72.

[10] GROOTAERS, Jan; SOETENS, Claude (eds.). *Sources locales de Vatican II*. Louvain, Peeters, 1990. BEOZZO, José Oscar (ed.). *Cristianismo e iglesias de América Latina en vísperas del Vaticano II*. San José, Costa Rica, DEI, 1992. LAMBERIGTS, Mathijs; SOETENS, Claude (eds.). *À la veille du Concile Vatican II*. Vota et réactions en Europe e dans le Catholicisme oriental. Louvain, Peeters, 1992. FOUILLOUX, Etienne (ed.). *Vatican II commence... Approches Francophones*. Louvain, Peeters, 1993. ALBERIGO, Giuseppe; MELLONI, Alberto (eds.). *Verso il concilio Vaticano II (1960-1962)*. Passaggi e problemi della preparazione conciliare. Bologna, Il Mulino, 1993. ALBERIGO, Giuseppe. *Il Vaticano II fra attese e celebrazione*. Bologna, Il Mulino, 1995. WITTSTADT, Klaus; VERSCHOOTEN, Wim. *Der Beitrag der deutschsprächigen und osteuropäischen Länder zum zweiten vatikanischen Konzil*. Louvain, Peeters, 1996. LAMBERIGTS, Mathijs; SOETENS, Claude; GROOTAERS, Jan (ed.). *Les commissions conciliares à Vatican II*. Louvain, Peeters, 1996. WEISS, Wolfgang (ed.). *Zeugnis und Dialog. Die katholische Kirche in der neuzeitlichen Welt und das II. Vatikanische Konzil. Klaus Wittstadt zum 60. Geburtstag*. Würzburg, Echter, 1996. MELLONI, Alberto (ed.). *Vatican II in Moscow (1959-1963)*. Leuven, Bibliotheek van der Faculteit Godgeleerdheid, 1997. FATTORI, Maria Teresa; MELLONI, Alberto (ed.). *L'evento e le decisioni*. Studi sulle dinamiche del concilio Vaticano II. Bologna, Il Mulino, 1997. FATTORI, Maria Teresa; MELLONI, Alberto (ed.). *Experience, Organisations and Bodies at Vatican II*. Leuven, Bibliotheek van der Faculteit Godgeleerdheid, 1999. DORÈ, Joseph; MELLONI, Alberto (ed.). *Volti di fine concilio*. Studi di storia e teologia sulla conclusione del Vaticano II.Bologna, Il Mulino, 2000.

[11] ALBERIGO, Giuseppe (ed.). *História do Vaticano II*, 5 vols. A obra foi publicada em italiano, inglês, francês, alemão, espanhol, português e russo.

[12] Sobre a gênese das *Acta et documenta Concilio Oecumenico Vaticano II apparando. Series I-Series II* e das *Acta Synodalia Sacrosancti Concilii Oecumenici Vaticani II*, 33 vols. (Cidade do Vaticano, Typis Polyglottis Vaticanis, 1970-1999), ver a Introdução de Massimo Faggioli e Giovanni Turbanti no livro por eles editado: *Il concilio inedito. Fonti del Vaticano II*. Bologna, Il Mulino, 2001, p. 7-34.

[13] ROUTHIER, Gilles. *La reception d'un concile*. Paris, Cerf, 1993.

não oficiais do concílio e sobre correspondência durante o concílio.[14]

Não é exagero dizer que essa fase de vinte anos de pesquisa sobre o Vaticano II, que começou com o sínodo de 1985, encerrou-se simbolicamente em 2005 com o novo comentário teológico alemão dos documentos do Vaticano II, editado por Hilberath e Hünermann,[15] e com a eleição do alemão Joseph Ratzinger como Papa Bento XVI em abril de 2005. A eleição do sucessor de João Paulo II significou, de fato, o fim de uma fase da recepção do Vaticano e aplicação do concílio e o começo de uma nova fase. A complexa mistura que João Paulo II faz de "restauração da ordem" para as questões *ad intra* (teologia moral e eclesiologia, acima de tudo) com "abertura" para as questões *ad extra* (diálogo inter-religioso e diálogo com os judeus) foi substituída pela diferente abordagem que Bento XVI faz de um nível teológico mais direto. João Paulo II inaugurou uma espécie de nominalismo do Vaticano II – certa facilidade em usar a marca "Vaticano II" tanto para novos fenômenos na Igreja (como os novos movimentos católicos) como para as convicções teológicas do último papa

---

[14] Para bibliografia sobre o Vaticano II, ver: FAGGIOLI, Massimo. Concilio Vaticano II: Bollettino bibliografico (2000-2002). *Cristianesimo nella Storia*, n. 24 (2003), p. 335-60; Concilio Vaticano II: Bollettino bibliografico (2002-2005). *Cristianesimo nella Storia*, n. 26 (2005), p. 743-67; Council Vatican II: Bibliographical Overview (2005 2007) *Cristianesimo nella Storia*, n. 29 (2008), p. 567-610; Council Vatican II: Bibliographical Overview (2007-2010). *Cristianesimo nella Storia*, n. 32 (2011), p. 755-91.

[15] HILBERATH, Hans Jochen; HÜNERMANN, Peter (ed.). *Herders Theologischer Komentar zum Zweiten Vatikanischen Konzil*, 5 vols. Freiburg i.B, Herder, 2004-2005. Ainda muito útil e desfrutando de autoridade para o comentário dos documentos do Vaticano II são os últimos três volumes da segunda edição de: HÖFER, Josef; RAHNER, Karl. *Lexikon für Theologie und Kirche*. Freiburg i.B, Herder, 1966-1968. Um apêndice ao novo *Kommentar* em cinco volumes é: HÜNERMANN, Peter (ed.). *Zweiten Vatikanische Konzil und die Zeichen der Zeit heute*. Freiburg i.B, Herder, 2006.

que fora membro do concílio. Esse legado teologicamente complexo do pontificado de vinte e sete anos acabara. Em 2005, com a eleição de Bento XVI, ficou claro que uma nova espécie de atitude para com o Vaticano II estava ocorrendo. A alocução papal de dezembro de 2005 inaugurou um novo tipo de relação entre o magistério papal e os documentos do Vaticano II, pelo menos para o pontificado de Bento XVI.

A pesquisa internacional sobre o Vaticano II viu isso acontecer. A partir de 1985, as pontifícias universidades e centros acadêmicos com sede em Roma estiveram ausentes da parte construtiva do debate historiográfico sobre o Vaticano II. É preciso observar que, desde que o Archivio Vaticano II (o arquivo que contém os documentos oficiais das comissões do concílio) foi aberto aos pesquisadores em 2002, muito poucos historiadores e teólogos trabalhando sobre o Vaticano II aproveitaram essa oportunidade para aprofundar e enriquecer suas fontes de investigação e explorar a riqueza dos arquivos das comissões do concílio.[16] Mas é claro também que a narrativa da Cúria Romana acerca do Vaticano II mudou de maneira significativa com a morte de João Paulo II e a eleição de Bento XVI em abril de 2005.

O sentimento de rejeição da historicidade do concílio e de necessidade de uma hermenêutica histórica do Vaticano II aumentou entre 2005 e 2007, quando discussões públicas trouxeram à luz a demorada disputa curial com a *História do Vaticano II* e seu diretor e editor Giuseppe Alberigo. Alberigo foi acusado de ter escrito a história do concílio não com base nos documentos finais votados pelos padres conciliares e aprovados pelo papa, mas baseado

---

[16] Disponível em: < http://asv.vatican.va/en/fond/1_fond.htm >.

numa interpretação ideologicamente tendenciosa e "modernista" do "espírito do Vaticano II".[17]

Os ataques contra a *História do Vaticano II* foram um produto indireto do novo "ambiente teológico" criado por Bento XVI. Depois da morte de João Paulo II, um acerto conservador com a escola de Bologna parecia cada vez mais popular nos centros de estudo conservadores italianos e meios jornalísticos, mas a sua capacidade de dar uma contribuição construtiva para a historiografia do Vaticano II não foi além de algumas resenhas de livro rigorosas e tendenciosas. Contudo, é preciso reconhecer que, devido ao pontificado de Bento XVI, o Vaticano II voltou a ser assunto de debate na vida da Igreja. No entanto, desenvolveu-se uma situação totalmente diferente, se comparada com a visão que João Paulo II tinha do concílio, assim como está expresso em seu testamento espiritual: "Estou convencido de que durante muito tempo será concedido às novas gerações recorrer às riquezas que este concílio do século XX nos ofereceu".[18]

---

[17] Dito pelo cardeal Camillo Ruini (então vigário da Diocese de Roma e presidente da Conferência dos Bispos Italianos), em Roma, em 17/06/2005, ao apresentar aos meios de comunicação o livro de Agostino Marcheto, *Il concilio ecumênico Vaticano II. Contrappunto per la sua storia* (Cidade do Vaticano, Libreria Editrice Vaticana, 2005). Essa coleção de resenhas de livro foi traduzida para o inglês e o russo entre 2008 e 2010. A edição inglesa é *The Second Vatican Ecumenical Council: A Counterpoint for the History of the Council*, trad. Kenneth D. Whitehead, Scranton, PA, University of Scranton Press, 2010. Do cardeal Ruini ver também a sua introdução a WOJTYLA, Karol. *Alle fonti del rinnovamento. Studio sull'attuazione del Concilio Vaticano II*, prefácio e introdução pelo cardeal Camillo Ruini, ed. Flavio Felice, Cidade do Vaticano, Libreria Editrice Vaticana, 2001; edição polonesa: *U Podstaw Odnowy Stadium o realizacji Vaticanum II* (Krakow, Polskie Towarzystwo Teologiczne, 1972, 1981). A edição italiana foi reimpressa em 2007 pela Fondazione Novae Terrae-Rubbettino, em Soveria Mannelli, Itália.

[18] O Testamento espiritual de João Paulo II está disponível na Internet em várias línguas. Em português: < http://www.domhenrique.com.br/index.php/variedades/580-testamento-de-joao-paulo-ii >.

Os múltiplos aniversários do Vaticano II – em 2003, o quadragésimo aniversário da constituição litúrgica *Sacrosanctum Concilium* e o começo da reforma litúrgica; em 2005, o quadragésimo aniversário da conclusão do concílio; em 2009, o quinquagésimo aniversário do anúncio do concílio; em 2012, o quinquagésimo aniversário da abertura do concílio –, junto com o lugar central do Vaticano II na biografia de Bento XVI como teólogo,[19] dinamizaram um rico debate nos últimos anos. O impacto de Joseph Ratzinger-Bento XVI sobre o debate, tanto antes como depois de sua eleição, e o seu famoso discurso de 22 de dezembro de 2005, têm sido particularmente visíveis com relação a duas questões que se tornaram o foco da atenção dos teólogos nas duas últimas décadas: eclesiologia e liturgia.[20]

Eclesiologia: colegialidade e *"subsistit in"*

Desde o tempo dos debates conciliares até o presente, a eclesiologia tem sido uma questão muito delicada e complexa, porque está ligada à interpretação teológica e à recepção do Vaticano II, por um lado, e, por outro lado, ao desenvolvimento institucional da governança do catolicismo mundial nos últimos cinquenta anos.

O conhecimento acerca do debate eclesiológico no Vaticano II melhorou consideravelmente nas últimas três décadas, especialmente graças aos capítulos na *História do*

---

[19] RATZINGER, Joseph. *Theological Highlights of Vatican II.* New York/ Mahwah, NJ, Paulist Press, 2009 (nova edição).

[20] Ver o discurso de Bento XVI à Cúria Romana em 22/12/2005, em *Insegnamenti di Benedetto XVI*, vol. 1 (2001) (Cidade do Vaticano, Libreria Editrice Vaticana, 2006, p. 1018-32). O texto em português pode ser visto em: < http://www.vatican.va/holy_father/benedict_xvi/speeches/2005/december/documents/hf_ben_xvi_spe_20051222_roman-curia_po.html >.

Vaticano II em cinco volumes, que se seguiram à primeira série de estudos explicativos e pioneiros sobre as diferentes eclesiologias do Vaticano II, ou os componentes de sua eclesiologia.[21] Contudo, os teólogos e historiadores ainda sentem falta de uma história completa do debate eclesiológico da constituição *Lumen gentium*.[22] Essa lacuna substancial nos estudos sobre o concílio não parou o debate acerca de algumas das questões principais. A primeira e mais delicada questão para o equilíbrio de poder dentro do catolicismo após o Vaticano II é o debate sobre a relação entre o papado e os bispos. Em novembro de 1964, no final do debate sobre *Lumen gentium*, Paulo VI e membros da Comissão Teológica prepararam um texto intitulado *Nota explicativa praevia*, que pretendia "esclarecer" alguns aspectos do tratamento conciliar sobre a colegialidade episcopal encontrado no terceiro capítulo da constituição. Em particular, *Nota explicativa praevia* esclarece que o uso do termo *collegium* com relação aos bispos não significava sociedade de iguais e que o papa, como cabeça do *collegium*, podia agir tanto pessoal como colegialmente.[23] *Nota explicativa praevia* declara:

---

[21] Cf. BETTI, Umberto. Cronistoria della Costituzione. In: *La Chiesa del Vaticano II*. Studi e commenti intorno alla Costituzione dommatica "*Lumen Gentium*". Florença, Vallecchi, 1965, p. 131-54. PHILIPS, Gérard. *L'Église et son mystère au IIe Concile du Vatican*. Histoire, text et commentaire de la constitution "*Lumen gentium*", Paris, Desclée, 1966-1968. ACERBI, Antonio. *Due eccleiologie*. Ecclesiologia giuridica ed ecclesiologia di comunione nella *Lumen gentium*. Bologna, EDB, 1975. ALBERIGO, Giuseppe; MAGISTRETTI, Franca (ed.). *Constitutionis Dogmaticae "Lumen Gentium" synopsis historica*. Bologna, Istituto per le scienze religiose, 1975.

[22] Entre as contribuições mais recentes, ver GIANOTTI, Daniele. *I Padri della Chiesa al concilio Vaticano II*. La teologia patristica nella *Lumen gentium*. Bologna, EDB, 2010.

[23] Ver GAILLARDETZ, Richard. *The Church in the Making: Lumen Gentium, Chritus Dominus, Orientalium Ecclesiarum*. New York/Mahwah, NJ, Paulist Press, 2006, p. 26.

O Sumo Pontífice, como Pastor Supremo da Igreja, pode exercer o seu poder em qualquer tempo, à sua vontade, como é exigido pelo seu cargo. Ao contrário, o Colégio, que existe sempre, nem por isso age permanentemente com ação estritamente colegial, como atesta, aliás, a Tradição da Igreja. Por outras palavras, não está sempre "em pleno exercício" [*in actu pleno*]: é só a intervalos e sempre com o consentimento da Cabeça que ele age de modo estritamente colegial.[24]

O legado do fim do debate sobre *Lumen gentium* e o inesperado acréscimo da *Nota explicativa praevia* em torno do terceiro capítulo da constituição contribuiu para o debate pós-Vaticano II, no qual eclesiólogos apontaram para muitos elementos substanciais à hermenêutica da eclesiologia do concílio, inclusive a relação existente entre a eclesiologia do papado solenemente aprovada no Vaticano I e a eclesiologia mais colegial do Vaticano II. Pottmeyer chamou a atenção para a necessidade de integrar as duas diferentes eclesiologias e de interpretar uma à luz da outra:

> Como o Vaticano I, também o Vaticano II não conseguiu completar a sua obra. Enquanto o Vaticano I foi interrompido por uma guerra, o Vaticano II foi incapaz de completar a reforma da Igreja e da eclesiologia porque a interpretação maximalista do Vaticano I, combinado com preocupações pragmáticas, estava no meio do caminho. O trabalho do Vaticano II permaneceu num canteiro de obras. Ao lado do velho edifício dos séculos XIX e XX, a centralização vaticana levantou as quatro fortes colunas de apoio de uma Igreja e uma eclesiologia renovadas: a Igreja como povo de Deus, a Igreja como sacramento do

---

[24] *Nota explicativa praevia*, n. 4. Essa nota aparece no final da *Lumen gentium*. Há tradução portuguesa disponível na Internet.

Reino de Deus no mundo, a colegialidade dos bispos e o ecumenismo.[25]

A pesquisa de Pottmeyer examinou de maneira perspicaz a obra histórica do historiador jesuíta alemão Klaus Schatz, que provou o crescimento do primado papal como um fato histórico, defendendo assim uma recepção mais dinâmica da mudança eclesiológica causada pelo Vaticano II. Schatz escreveu:

> A eclesiologia da *iurisdictio*, que é a do Vaticano I, e a mais antiga ainda e agora redescoberta eclesiologia da *communio* foram postas lado a lado, mas permanecem desconectadas, e essa falta de conexão é mais séria na prática eclesial do que na teologia. A tensão é exacerbada pela compreensível política romana de não permitir enfraquecer a autoridade de Roma ante as crises na Igreja pós-conciliar e fazer uso da "colegialidade" segundo parecer oportuno ao serviço de uma direção mais eficiente da Igreja, mas sem permitir que ela se torne um elemento perturbador e crítico ou um fator de risco.[26]

Com relação ao papel dos bispos e das igrejas locais, o eclesiólogo dominicano Hervé Legrand destacou a recepção subdesenvolvida do Vaticano II em termos de um reconhecimento de um nível eclesiológico intermediário entre o papado e os bispos individuais. Tal reconhecimento admitiria a existência de um nível sinodal-regional entre

---

[25] POTTMEYER, Herman J. *Towards a Papacy in Communion*: Perspectives from Vatican Councils I and II (trad. Matthew J. O'Connell). New York, Crossroad, 1998, p. 110.

[26] SCHATZ, Klaus. *Papal Primacy*: From Its Origins to the Present (trad. John A. Otto e Linda M. Maloney). Collegeville, MN, Liturgical Press, 1996 (original alemão: Wurzburg, Echter, 1990, p. 170). Sobre a eclesiologia da comunhão e suas raízes antigas, ver também TILLARD, Jen-Marie Roger. *Church of Churches*: The Ecclesiology of Communion (trad. R. C. de Peaux). Collegeville, MN, Liturgical Press, 1992 (original francês: Paris, Cerf, 1987).

as igrejas locais individuais e corrigiria a recepção polarizada papado-bispos (sem nenhum nível intermediário) da eclesiologia do Vaticano II na práxis eclesial e no Código de Direito Canônico de 1983. Legrand visava redescobrir a relação entre *collegium* episcopal e as expressões concretas da comunhão entre as igrejas locais individuais – expressões que estavam muito mais presentes na grande tradição da Igreja – e reviver o nível regional da governança católica à luz da historicidade do primado papal.[27]

No debate eclesiológico pós-Vaticano II, o laicato parece ter desaparecido como uma questão digna de consideração. Os documentos do Vaticano II mantêm o conceito de apostolado leigo próximo da ideia da Ação Católica – levemente mais independente da hierarquia eclesiástica, mas ainda necessitando de um "mandato" procedente dela. No entanto, na teologia pós-conciliar, a satisfação do laicato anterior ao Vaticano II com as concessões teológicas do concílio para a sua dignidade eclesiológica tinha contribuído um pouco para uma falta de interesse pela questão. Por outro lado, a insatisfação de muitos "católicos do Vaticano II" com os limites estreitos da atuação do laicato, assim como eram vistos por João Paulo II e por Bento XVI, tornou a questão do apoio mais do que uma pesquisa academicamente indiferente. Ademais, uma das novas faces do catolicismo pós-Vaticano II foi a "volatilidade" do

---

[27] LEGRAND, Hervé Marie. Les évêques, les *églises locales* et l'église entière. Évolutions institutionnelles depuis Vatican II et chantiers actuels de recherche. *Revue de Sciences philosophiques et théologiques*, n. 85 (2001), p. 461-509. Idem. Lo sviluppo di chese soggetto: un'istanza del Vaticano II. Fondamenti teologici e reflessioni. In: ALBERIGO, Giuseppe (ed.). *L'ecclesiologia del Vaticano II*: dinamismi e prospettive. Bologna, EDB, 1981, p. 129-63. Ver também ROUTHIER, Gilles. Beyond Collegiality: The Local Church Left Behind by the Second Vatican Council. Catholic Theological Society of America, *Proceedings*, n. 62 (2007), p. 1-15.

laicato: o fim da idade de ouro da Ação Católica (com a sua redução e obediência firme à hierarquia) e o florescimento de novos movimentos católicos (como Comunhão e Libertação, a Comunidade de Santo Egídio, Focolare, Neocatecumenato, Cursillos de Cristiandad e o movimento Regnum Christi dos Legionários de Cristo) enfraqueceram, paradoxalmente, o interesse por uma teologia do laicato.[28]

Teologicamente menos perspicazes, mas também reveladoras das tendências recentes na hermenêutica do Vaticano II, foram as tentativas de "normalizar" a mudança ecumênica da Igreja católica que ocorreu no concílio. A passagem *"subsistit in"* de *Lumen gentium* 8 ("Esta Igreja [a Igreja de Cristo], constituída e organizada neste mundo como sociedade, subsiste na Igreja católica" – *Haec Ecclesia, in hoc mundo ut societas constituta et ordinata, "subsistit in" Ecclesia catholica*) foi um passo fundamental na afirmação de que a Igreja católica e a Igreja de Cristo não eram completamente coextensivas: "Essa mudança muito debatida sugeria que a Igreja de Cristo podia ser, pelo menos de alguma maneira, encontrada nas comunidades cristãs não católicas também. Esse capítulo teve aprovação esmagadora".[29]

A tentativa de reinterpretar *"subsistit in"* de maneira contrária à intenção do Vaticano II ganhou alguma atenção nos anos recentes.[30] A reinterpretação tenta emparelhar

---

[28] FERNÁNDEZ, Ciro García. De la "teología de los laicos" de "Lumen gentium" a los "movimientos eclesiales" posconciliares. *Burgense*, n. 48/1 (2007), p. 45-82. ROUTHER, Gilles. Une histoire que témoigne du reflux du thème du laïcat? In: THEOBALD, Christoph. *Vatican II sous le regrd des historiens*. Paris, Médiasèvres, 2006, p. 95-125.

[29] GAILLARDETZ, *The Church in the Making*, p. 22.

[30] Cf. von Teuffenbach, Alexandra. *Die Bedeutung des subsistit in (LG 8)*. Zum Selbstvertändnis der katholischen Kirche. Munich, Herbert Utz, 2002.

cuidadosamente a expressão – "*subsistit in*" – primeiro com o simples *subsiste* e depois com um simples *é*, minimizando assim as diferenças entre o documento final de *Lumen gentium* e o documento sobre a Igreja da fase preparatória, que acentuava a dimensão jurídica e a identificação da Igreja romana com o corpo místico de Cristo.[31] Tal reinterpretação de *Lumen gentium* 8 ignora a intenção do concílio acerca dessa mudança na linguagem da constituição eclesiológica. Essa tentativa foi rejeitada com base na história de *Lumen gentium* e do debate sobre ecumenismo no Vaticano II,[32] e também com base na interpretação teológica abrangente da virada do concílio.[33]

No entanto, a interpretação que a Congregação para a Doutrina da Fé ofereceu para *Lumen gentium* 8 (especialmente entre 1992 e 2000) ganhou força entre os católicos conservadores nos últimos anos. Apesar das fraquezas dessas tentativas, esse desvio do debate acadêmico é decisivo, porque representa também uma tendência recente na interpretação vaticana da eclesiologia do concílio. Em 29 de junho de 2007, a Congregação para a Doutrina da Fé publicou "Respostas a questões relativas a alguns aspectos

---

[31] Cf. RUGGIERI, Giuseppe. Beyond an Ecclesiology of Polemics. In: KOMONCHAK, Joseph A. (ed.). *History of Vatican II*, vol. 3. *The Mature Council*: Second Period and Intersession, September 1963-September 1964. Maryknoll, NY, Orbis, 2000, p. 281-357.

[32] Cf. VELATI, Mauro. L'ecumenismo al concilio: Paolo VI e l'approvazione di Unitatis redintegratio. *Cristianesimo nella Storia*, n. 26/2 (2005), p. 427-76. Ver também o apêndice com os registros do diário de Johannes Willebrands nos momentos decisivos do debate sobre *Unitatis redintegratio*.

[33] SARTORI, Luigi. Osservazioni sull'ermeneutica del "subsistit in" proposta da Alexandra von Teuffenbach. *Rassegna di Teologia*, n. XLV/2 (2004), p. 279-81. LANNE, Emmanuel. Le quarantième anniversaire de la promulgation du Décret sur l'oecumenisme Unitatis redintegratio. *Irénikon*, n. 4 (2004), p. 348-66. SCHELKENS, Karim. Lumen gentium's "subsistit in" revisited: The Catholic Church and Christian Unity After Vatican II. *Theological Studies*, n. 69 (2008), p. 875-93.

da doutrina sobre a Igreja", cujo foco era a interpretação de *Lumen gentium* 8. Afirmava, em continuidade com *Communionis notio* e a declaração *Dominus Iesus* (publicadas pela Congregação para a Doutrina da Fé em 1992 e 2000, respectivamente), que "o uso dessa expressão [*subsistit in*], que indica a plena identidade da Igreja de Cristo com a Igreja católica, não muda a doutrina sobre a Igreja".[34] Essa interpretação oficial de *subsistit in* gerou considerável debate,[35] mas não tanto quanto se esperava, graças à crise do ecumenismo católico após o sucesso anterior, que custara muita briga, inclusive na Cúria Romana, que é a Declaração Conjunta sobre a Doutrina da Justificação, entre romanos católicos e luteranos em 1999.[36]

Liturgia e a "reforma da reforma"

A *História do Vaticano II* em cinco volumes, editada por Giuseppe Alberigo e Joseph Komonchak, forneceu informação nova sobre o papel-chave do debate litúrgico dentro do concílio e sobre a dinâmica nas comissões litúrgicas preparatórias e conciliares.[37] No entanto, estudos

---

[34] CONGREGAÇÃO PARA A DOUTRINA DA FÉ. *Respostas a questões relativas a alguns aspectos da doutrina sobre a Igreja*, 29/06/2007 em: < http://www.vatican.va/roman_curia/congregations/cfaith/documents/rc_con_cfaith_doc_20070629_commento-responsa_po.html > .

[35] Cf. SULLIVAN, Francis A. The Meaning of *Subsistit in* as Explained by the Congregation for the Doctrine of Faith. *Theological Studies*, n. 69/1 (2008), p. 116-24. THÖNISSEN, Wolfgang. Über Einheit und Wahrheit der Kirche. Zum Verständis des "subsistit in" gegenwärtigen ökumenischen Disput. *Catholica*, n. 3 (2007), p. 230-40.

[36] Sobre os recentes progressos em ecumenismo, seus ganhos e questões pendentes, ver: KASPER, Walter. *Harvesting the Fruits*: Aspects of Christian Faith in Ecumenical Dialogue. London, Continuum, 2009.

[37] Cf. LAMBERIGTS, Mathijs. The Liturgy Debate. In: *History of Vatican II*, vol. 2. Komonchak, Joseph A. (ed.). *The Formation of the Council's Identity, First Period and Intersession, October 1962-September 1963*. Maryknoll, NY, Orbis, 1998, p. 107-66. KACZINSKY, Reiner. Toward the Reform of the Liturgy. In:

sobre a *Sacrosanctum Concilium* publicados quase ao mesmo tempo em que a *História* focalizaram a continuidade ideológica entre o movimento litúrgico do começo do século XX e a *Sacrosanctum Concilium*, e assim passaram ao largo do impacto da constituição sobre o Vaticano II como tal.[38]

Os muitos estudos publicados para o quadragésimo aniversário da *Sacrosanctum Concilium*, em 2003, não ofereceram nada decisivo.[39] O *Herders theologischer Kommentar zum Zweiten Vaticanischen Konzil* [Comentário teológico de Herder ao Segundo Concílio do Vaticano], em cinco volumes, com sede em Tübingen, contribuiu para uma nova apreciação da *Sacrosanctum Concilium*.[40] No volume do *Kommentar* dedicado à *Sacrosanctum Concilium* e na *História do Vaticano II*, Reiner Kaczynski acentuou a novidade da constituição no contexto da história dos concílios e da liturgia.[41] Mais profundamente, destacou o propósito do capítulo cinco da *Sacrosanctum Concilium* – a centralidade do *mysterium* pascal – não apenas

---

History of Vatican II, vol. 3. The Mature Council, Second Period and Intersession, September 1963-September 1964. Maryknoll, NY, Orbis, 2000, p. 192-256.

[38] Ver, por exemplo, PIANO, Maria. *Liturgia e società nel Novecento:* Percorsi del movimento liturgico di fronte ai processi di secolarizzazione. Roma, Storia e Letteratura, 2000.

[39] Ver, por exemplo, os seguintes artigos em *Liturgisches Jahrbuch*, n. 53 (2003): RATZINGER, Joseph. 40 Jahre Konstitution über die Heilige Liturgie. Rückblick und Vorblick, p. 209-21. BÄRSCH, Jürgen. "Von Grösstem Gewicht für die Liturgiefeier ist die Heilige Schrift" (SC 24): Zur Bedeutung der Bibel im Kontext des Gottesdienstes, p. 222-41. ODENTHAL, Andreas. Häresie der Formlosigkeit durch ein "Konzil der Buchhalter": Überlegungen zur Kritik an der Liturgiereform nach 40 Jahren "Sacrosanctum Concilium", p. 242-57.

[40] HILBERATH, Hans Jochen; HÜNERMANN, Peter (ed.). *Herders theologischer Kommentar zum Zweiten Vaticanischen Konzil*, 5 vols. Freiburg, Herder, 2004-2005.

[41] KACZYNSKI, Reiner. Toward the Reform of the Liturgy. In: *History of Vatican II*, vol. 3, *The Mature Council*, esp. p. 220-34.

como centro da constituição, mas também como "palavra central" do Vaticano II.[42]

Contudo, parece que muitos comentários sobre a *Sacrosanctum Concilium* foram vencidos pela pressa e agressividade – mais do que por comando intelectual – dos defensores de uma revisão da reforma litúrgica do Vaticano II. Nos últimos anos, apelos influentes por uma "reforma da reforma" da liturgia estimularam um debate acerca das venturas e desventuras da *Sacrosanctum Concilium* e exigiram mais defesas da memória histórica desse período pós-conciliar[43] do que defesas das profundas implicações teológicas e profundidade eclesiológica da constituição. O debate sobre o concílio obrigou os defensores do Vaticano II a defender a liturgia como reformada pelo concílio. Contudo, falharam em reforçar que a liturgia não era apenas o ponto de partida cronológico do Vaticano II, mas também o ponto de partida teológico. Talvez mais importante, a constituição litúrgica, o primeiro documento debatido e aprovado pelo concílio – em 22 de novembro de 1963, com uma maioria de 2.162 votos a 46, depois de um debate que teve 328 intervenções orais – foi o primeiro e mais indiscutível terreno comum dos padres conciliares.

Alguns estudiosos acentuaram que entre a nostalgia da era anterior ao Vaticano II e a inegável contribuição da *Sacrosanctum Concilium* para a vida litúrgica da Igreja

---

[42] KACZYNSKI, Reiner. Theologischer Kommentar zur Konstitution über die Heilige Liturgie Sacrosanctum Concilium. In: *Herders Theologischer Kommentar*, vol. 2, p. 9-227, esp. p. 63, onde cita Angelus A. Häuseling, originalmente publicado em: Pascha-Mysterium: Kritisches zu einem Beitrag in der dritten Auflage des Lexikon für Theologie und Kirche. *Archiv für Liturgiewissenschaft*, n. 41 (1999), p. 157-165.

[43] Cf. MARINI, Piero. *A challenging Reform:* Realizing the Vision of the Liturgical Renewal, 1963-1975 (ed. Mark R. Francis, John R. Page e Keith F. Pecklers). Collegeville, MN, Liturgical Press, 2007. BALDOVIN, John. *Reforming the Liturgy:* A Response to the Critics. Collegeville, MN, Liturgical Press, 2008.

católica está a continuidade entre a encíclica *Mediator Dei* de Pio XII e o Vaticano II, e entre o *motu proprio Tra le sollecitudini* (1903) de Pio X e o Vaticano II.[44] A mistura de tradição e *ressourcement* no discurso teológico gerou ambiguidade no debate, que John O'Malley analisou recentemente em seu livro *O que aconteceu no Vaticano II*.[45] A constituição litúrgica *Sacrosanctum Concilium* foi enfocada de maneira diferente pelas duas tradições hermenêuticas e historiográficas do Vaticano II – as tradições a favor da maioria e as tradições a favor da minoria. A maior parte dos intérpretes do Vaticano II a favor da maioria olhou para a *Sacrosanctum Concilium* como a primeira reforma do concílio, o começo do acontecimento, mas pareciam confiar a defesa da sua profunda mensagem e implicações aos liturgistas, que preferem um enforque mais abrangente e eclesiológico baseado na *Lumen gentium* e na relação entre o papado e o episcopado para a implementação do Vaticano II. Por outro lado, nas últimas décadas, os intérpretes do Vaticano II a favor da minoria e essencialmente anticonciliares pareceram, de maneira surpreendente, ter desistido do esforço por uma reinterpretação direta do Vaticano II e de sua eclesiologia, e tenderam a diminuir o Vaticano II através da rejeição da *Sacrosanctum Concilium* e de uma banalização do sentido profundo da

---

[44] Cf. NICHOLS, Aidan. *Looking at the Liturgy*: A Critical View of Its Contemporary Form. San Francisco, Ignatius, 1996. MOSENBACH, Martin. *Häresie der Formlosigkeit*: Die römische Liturgie und ihr Feind. Munich, Hanser, 2007 (trad. italiana: *Eresia dell'informe*: La liturgia romana e il suo nemico. Siena, Cantagalli, 2009). JACKSON, Pamela. *An Abundance of Graces*: Reflections on Sacrosanctum Concilium. Mundelein, IL, Hillenbrand, 2004. JACKSON, Pamela. *Theology of the Liturgy*. In: LAMB, Matthew L.; LEVERING, Matthew (ed.). *Vatican*: Renewal within Tradition. New York-Oxford, Oxford University Press, 2008, p. 101-28.

[45] O'MALLEY, John W. *What Happened at Vatican II*. Cambridge, MA, Belknap Press, 2008, p. 300-301.

reforma litúrgica. Apesar da banalização, alguns intérpretes a favor da minoria do concílio tinham uma compreensão da *Sacrosanctum Concilium* que era mais rica do que a compreensão do defensor médio do Vaticano II. De fato, a definição da *Sacrosanctum Concilium* como "o primo pobre da hermenêutica conciliar" (o "elemento esquecido da hermenêutica do Vaticano II") é correta porque, como vimos, a sua função hermenêutica foi consistentemente subestimada.[46]

A hermenêutica da *Sacrosanctum Concilium* na vida da Igreja está longe de ser puramente teórica. No debate infindável nos anos recentes acerca do sentido da constituição, é difícil distinguir os debatedores, que são conscientes do que está em jogo, dos teólogos que tratam da reforma litúrgica como apenas uma questão entre muitas. A esse respeito, a consciência do atual debate sobre liturgia está agora, cinquenta anos depois que João XXIII anunciou o concílio, não muito diferente da situação da consciência que a maioria dos bispos e teólogos tinham sobre essa questão na véspera do Vaticano II.[47] No entanto, o quadragésimo aniversário da aprovação solene da *Sacrosanctum Concilium* estimulou o debate acerca do papel da liturgia na Igreja pós-conciliar[48] à

---

[46] Cf. PRÉTOT, Patrick. *La Constitution sur la liturgie:* Une herméneutique de la tradition liturgique. In: BORDEYNE, Philippe; VILLEMIN, Laurent. *Vatican II et la théologie*: Perspectives pour le XXIe siècle. Paris, Cerf, 2006, p. 17-34, citação da p. 20.

[47] Cf. BALDOVIN, John. *Reforming the Liturgy*. FERRONE, Rita. *Liturgy*: Sacrosanctum Concilium. New York/Mahwah, NJ, Paulist Press, 2007, esp. p. 19-50. MELLONI, Alberto. Sacrosanctum Concilium 1963-2003: Lo spessore storico della riforma liturgica e la ricezione del Vaticano II. *Rivista liturgica*, n. 90 (2002), p. 915-30. GRILLO, Andrea. *La nascita della liturgia nel XX secolo*. Saggio sul rapporto tra movimento liturgico e (post-) modernità. Assisi, Cittadella, 2003.

[48] Cf. FAGGIOLI, Massimo. Concilio Vaticano II: Bollettino bibliográfico (2002-2005). *Cristianesimo nella Storia*, n. 26 (2005), p. 743-67; e Council Vatican

luz do período pós-Vaticano II, no qual a implementação da reforma litúrgica foi o exemplo mais visível da complexidade da relação entre o espírito e a letra do concílio. O *motu proprio Summorum Pontificum* de Bento XVI (07/07/2007) sobre a liturgia reavivou especialmente o interesse no destino do *Sacrosanctum Concilium* e, mais em geral, o papel do Vaticano II na orientação teológica do pontificado de Bento XVI.

Embora pareça peculiar, olhar para os efeitos espetaculares de *Sacrosanctum Concilium* na Igreja católica durante os últimos quarenta anos coloca o observador diante de uma espécie de "destino trágico" para a constituição litúrgica. Na história da hermenêutica do Vaticano II, a reforma litúrgica parece enfrentar um castigo – uma espécie de retribuição por ter deixado passar as ligações entre a constituição litúrgica e a hermenêutica geral do Vaticano II. Essa negligência não foi compartilhada por Joseph Ratzinger, cuja atenção para as implicações teológicas e eclesiológicas da reforma litúrgica caracterizaram alguns dos seus principais livros, primeiro como teólogo e, depois, como romano pontífice.[49] Iniciando em 2005, e não apenas através do *motu proprio* de julho de 2007, o pontificado de Bento XVI pôs considerável esforço em acentuar a necessidade de uma "reforma da reforma litúrgica", que, especialmente no mundo de fala inglesa, provocou um debate adicional dentro da Igreja nos Estados Unidos por ocasião da aprovação, em 2009, pela Congregação Romana para o Culto Divino e a Disciplina dos Sacramentos, de uma nova

---

II: Bibliographical Overview 2005-2007. *Cristianesimo nella Storia*, n. 29 (2008), p. 567-610.

[49] RATZINGER, Joseph (Bento XVI). Zum Eröffnungsband meiner Schriften. In: *Gesammelte Schriften*, vol. 11, Theologie der Liturgie. Freiburg, Herder, 2008, 2. ed.

tradução inglesa do Missal Romano. A nova tradução, que seguiu a *Liturgiam authenticam* – a instrução de 2001 do Vaticano sobre a tradução de textos litúrgicos –, tomou forma na International Commission on English in the Liturgy (ICEL – Comissão Internacional sobre o Inglês na Liturgia) e foi visto por muitos liturgistas como "um ponto final na composição de novos textos para a liturgia em inglês que poderia ter inspirado exemplos de inculturação".[50]

Narrativas conciliares conflitantes

Os debates entre posições profundamente consolidadas na eclesiologia e na liturgia atestam a existência de um novo ambiente teológico em torno do Vaticano II. É indiscutível que a narrativa católica conservadora sobre o Vaticano II recebeu um formidável impulso com a eleição de Bento XVI. No entanto, é verdade que a mentalidade anti-Vaticano II de revanche já encontrou importante espaço para se expandir durante o pontificado de João Paulo II e na política doutrinária do cardeal Ratzinger enquanto foi Prefeito da Congregação para a Doutrina da Fé (1981-2005).[51] Por um lado, durante o pontificado de João Paulo II, uma constante defesa do concílio em nome da experiência pessoal do pontífice como padre conciliar não excluiu, às vezes, que fenômenos, movimentos e intuições

---

[50] FERRONE, Rita. Virgil & the Vigil. *Commonweal* (10 abr. 2009), p. 12-13. Relacionada com esse debate sobre a interpretação da reforma litúrgica do Vaticano II, há uma iniciativa que toma o seu nome de um artigo em *America* (14 dez. 2009) por Michael G. Ryan: "What If We Just Said Wait? The Case for a Grass-roots Review of the New Roman Missal". A iniciativa tem um abaixo-assinado on-line pedindo mais prazo para a nova tradução, a fim de permitir mais revisão. Ver: < http//:www.whatifwejustsaidwait.org >.

[51] Para uma descrição sintética das narrativas consolidadas e conflitantes acerca do Vaticano II, cf. STEINFELS, Peter. *A People Adrift:* The Crisis of the Roman Catholic Church in America. New York, Simon and Schuster, 2003, p. 34-36.

teológicas fossem classificados como "fruto direto" do Vaticano II, endossando assim uma espécie de nominalismo do Vaticano II proveniente de João Paulo II. Por outro lado, a política doutrinal do cardeal Ratzinger nunca desautorizou uma leitura claramente conservadora do Vaticano II em nome do literalismo: uma interpretação dos textos literais do Vaticano II que visavam opor-se à interpretação liberal do concílio supostamente baseada apenas do seu espírito.

Por muitos anos o Vaticano foi a expressão da contradição entre duas visões parcialmente conflitantes sobre o concílio: a visão de João Paulo II, fundamentalmente positiva, e a leitura agudamente pessimista que Ratzinger faz do período pós-Vaticano II. Esse "diálogo" de interpretações, no começo sob algum controle do papa, cedeu gradualmente lugar a um papel mais importante para as visões do cardeal Ratzinger. O conclave de 2005 pôs fim a esse diálogo entre os dois mais importantes intérpretes do Vaticano II nos primeiros cinquenta anos de sua recepção e iniciou uma nova fase, na qual a interpretação de Ratzinger não é mais equilibrada pela de João Paulo II.

Tudo isso ficou evidente no debate teológico, bem como na posição pública da Santa Sé ante o tema do Vaticano II. Já em 1997, membros da Cúria Romana, sentindo-se mais seguros com o declínio do pontificado de João Paulo II, começaram a exprimir com mais franqueza a sua crítica anterior à *História do Vaticano II*.[52] Essa reação

---

[52] Ver a resenha que Agostino Marchetto fez do segundo volume da *História do Vaticano II* no *Osservatore Romano* (13 nov. 1997) e em *Apollinaris*, n. LXX (1997), p. 331-51; ele republicou a resenha em seu *Il Concilio Ecumenico Vaticano II*, p. 102-19. Todos os outros historiadores e teólogos fizeram uma análise favorável à *História do Vaticano II*: no mesmo "milieu romano", ver, por exemplo, Giacomo Martina, *La Civiltà Cattolica*, CXLVII/2 (1996), p. 153-60, e em *Archivum Historiae Pontificiae*, XXXV (1997), p. 356-59.

inicialmente silenciosa, contra tal trabalho historiográfico internacional, multiautoral e respeitado, tornou-se gradualmente mais visível com o tempo, especialmente depois de 2005, mas nunca adquiriu prestígio acadêmico como alternativa para a pesquisa internacional sobre o Vaticano II. O efêmero Centro de Pesquisa sobre o Concílio Vaticano II (inaugurado em 1998 na Pontifícia Universidade Lateranense e que teve a sua atividade encerrada apenas alguns anos depois) revela não a falta de interesse dos historiadores católicos sobre o assunto, mas o interesse do Vaticano em ficar de fora do debate acadêmico acerca do Vaticano II.

A ausência da teologia romana do debate foi substituída pela interpretação política do Vaticano II dada pelos funcionários da Cúria e pelo papa. Apenas alguns historiadores ativos no Vaticano, em Roma, tomaram parte nisso. Entre os críticos da escola de Bologna e da *História do Vaticano II* está o partido dos historiadores católicos, que acentuam a distância entre a interpretação do concílio baseada na letra dos documentos finais e uma historiografia (e teologia) a qual considera o Vaticano II uma importante virada, um acontecimento na história da Igreja católica.[53] Segundo Philippe Chenaux, professor de História da Igreja na Pontifícia Universidade Lateranense, em Roma: "Essa interpretação do concílio como um 'acontecimento' e momento de ruptura não está livre de pressuposições

---

[53] Para o uso da ideia de "acontecimento" para a historiografia do Vaticano II, ver FOUILLOUX, Étienne. Histoire et événement: Vatican II. In: *Per la storicizzazione del Vaticano II*, p. 515-38. Ver também HÜNERMANN, Peter. *Il concilio Vaticano II come evento*, e KOMONCHAK, Joseph A. Riflessioni storiografiche sul Vaticano II come evento. In: FATTORI, Maria Teresa; MELLONI, Alberto (ed.). *L'evento e le decisioni*. Studi sulle dinamiche del concilio Vaticano II. Bologna, Il Mulino, 1997, p. 63-72 e 417-40.

ideológicas. É claramente útil para os projetos e as expectativas daqueles que ainda se referem principalmente ao 'espírito do Vaticano II'".[54] Essa oposição à interpretação do concílio como momento de descontinuidade e mudança na história do catolicismo é claramente diferente da rejeição lefebvriana do Vaticano II como tal. No entanto, esse revisionismo histórico acerca do Vaticano II, o ultratradicionalismo católico e o cisma lefebvriano têm fronteiras estreitas em comum e concorrem essencialmente para solapar o fato histórico da aceitação universal do Vaticano II pela "unanimidade moral" (nas palavras de Paulo VI) dos padres conciliares. Desempenham papel decisivo ao tentar reformar as reformas possibilitadas pelo Vaticano II nos últimos cinquenta anos: reforma litúrgica, eclesiologia, ecumenismo e diálogo inter-religioso.[55]

Nesse sentido, uma radicalização crescente de posições em torno do concílio tem sido perceptível durante o pontificado de Bento XVI: de um lado, o sentimento anti-Vaticano II típico do tradicionalismo, aproximando-se sempre mais da narrativa lefebvriana sobre o concílio[56] e, do outro lado, o desapontamento dos radicais com o

---

[54] CHENAUX, Philippe. Recensione storiografica circa le prospettive di lettura del Vaticano II. *Lateranum*, n. LXXII/1 (2006), p. 161-75, citação da p. 168. Uma perspectiva semelhante em VIAN, Giovanni Maria (desde setembro de 2007, editor-chefe do *Osservatore Romano*). La dinâmica tra evento e decisioni nella storiografia conciliare. *Annuarium Historiae Conciliorum*, n. 37/2 (2005), p. 357-74.

[55] Ver, por exemplo, BERGER, David. Wider die Veteranensentimentalität. Zur Rezeption des Zweiten Vatikanischen Konzils. *Die Neue Ordnung*, n. 58 (2004), p. 108-20. Id. "Das Geschick der Kirche steht dabei auf dem Spiel..." Zur Interpretation des Zweiten Vatikanischen Konzils. *Theologisches*, n. 35/12 (dez. 2005), p. 765-81.

[56] Ver *Penser Vatican II quarante ans après*. Actes du VIe conngrès théologique de "Sì Sì No No", Versailles, Courrier de Rome, 2004. BOURMAUD, Dominic. *Cent ans de modernisme. Généalogie du concile Vatican II*. Étampes, Clovis, 2003.

Vaticano II como uma promessa fracassada.[57] Em alguns poucos anos parecerá perdida a capacidade de articular um debate nuançado e cordial entre diferentes escolas de interpretação do Vaticano II, tais como aquele entre Avery Dulles e John O'Malley em *America*. Por exemplo, Dulles enfatizava a necessidade de continuidade *e* descontinuidade na interpretação do Vaticano II:

> Acho o ensino do Vaticano II muito sólido, cuidadosamente matizado e suficientemente flexível para atender às necessidades de nosso tempo e lugar. A engenhosa mistura de perspectivas majoritárias e minoritárias nos documentos conciliares teriam prevenido as interpretações unilaterais. Hoje não há por que o Vaticano II ser um pomo de discórdia entre os católicos. É claro que a história não para. Assim como o Vaticano II fez importantes mudanças que refletem novos estudos bíblicos, o movimento litúrgico e o movimento ecumênico, assim também podemos esperar evoluções futuras na doutrina e na política. Deve-se fazer progresso, mas o progresso sempre depende de uma aceitação de conquistas prévias, de modo que não seja necessário começar cada vez do princípio.[58]

Ao mesmo tempo, O'Malley destacava a radical novidade do Vaticano II em termos de *estilo*:

> O Vaticano II tencionava fazer algumas mudanças fundamentais no modo de a Igreja atuar e, se essas mudanças fossem para ser postas em prática, deveria tratar muito da situação atual e dar nos confiança para o futuro. Talvez a principal razão de não terem sido postas em prática seja porque a natureza radical do concílio nunca foi aceita ou entendida. O Vaticano II, apesar de toda a

---

[57] Típico desse sentimento são as memórias de KÜNG, Hans. *My Strugggle for Freedom*. Grand Rapids, MI, Eerdmans, 2003.

[58] DULLES, Avery. Vatican II: The Myth and the Reality. *America* (24 fev. 2003), p. 7-11.

sua continuidade com os concílios anteriores, foi único de muitas maneiras, mas não mais que em seu apelo por uma mudança geral nos procedimentos da Igreja ou, melhor dizendo, no *estilo* eclesial.[59]

O tom do debate mudou depois da eleição de Bento XVI, tanto no tocante à recepção prática do Vaticano II pelo novo papa como à recepção explicitamente formulada do concílio no ensinamento do sucessor de João Paulo II. A primeira medida de Bento XVI para a remodelação do papel do concílio em seu pontificado foi o seu discurso de dezembro de 2005. Em 22 de dezembro de 2005, o papa recém-eleito discursou para a Cúria Romana e explicou a sua interpretação do concílio definindo duas abordagens hermenêuticas opostas ao Vaticano II: "Duas hermenêuticas contrárias se confrontam e disputam entre si. Uma causou confusão, a outra, silenciosa, mas cada vez mais visível, produziu e produz fruto".[60] O papa colocou de um lado a hermenêutica conciliar da reforma, que presumia continuidade com a tradição da Igreja, e do outro lado a hermenêutica de descontinuidade e de ruptura. Joseph Ratzinger explicara a sua posição do *Relatório de Ratzinger* de 1985, no qual defendia não a ruptura, mas a continuidade: "É preciso opor-se a esse esquematismo de um antes e um depois na história da Igreja, totalmente injustificado pelos documentos do Vaticano II, que faz apenas reafirmar a continuidade do catolicismo. Não há uma Igreja 'pré' ou 'pós' conciliar".[61] No entanto,

---

[59] O'MALLEY, John. The Style of Vatican II. *America* (24 fev. 2003), p. 12-15. O debate entre Dulles e O'Malley está também em dois outros artigos, ambos em *América*: Avery DULLES, Vatican II: Substantive Teaching (31 mar. 2003), p. 14-17, e John O'MALLEY, Vatican II: Official Norms, p. 11-14.

[60] Bento XVI, Alocução de Natal (22 dez. 2005).

[61] RATZINGER, Joseph (com Vittorio Messori). *The Ratzinger Report:* An Exclusive Interview on the State of the Church (trad. de Salvator Attanasio e Graham Harrison). San Francisco, Ignatius, 1985, p. 35.

para Bento XVI, a hermenêutica da reforma prevalecera claramente sobre a hermenêutica da descontinuidade e da ruptura. Ainda assim, os dois mais importantes pontos do seu discurso à Cúria foram a rejeição da ideia de um "espírito do concílio", pois era enganosa para a interpretação do concílio, e a necessidade de adotar uma interpretação literal dos textos:

> A hermenêutica da descontinuidade corre o risco de terminar numa ruptura entre a Igreja pré-conciliar e a Igreja pós-conciliar. Ela afirma que os textos do concílio como tais ainda não seriam a verdadeira expressão do espírito do concílio. Seriam o resultado de compromissos em que, para alcançar a unanimidade, foi necessário arrastar atrás de si e confirmar muitas coisas antigas, já inúteis. Contudo, não é nesses compromissos que se revelaria o verdadeiro espírito do concílio, mas, ao contrário, nos impulsos rumo ao novo, subjacentes aos textos: somente eles representariam o verdadeiro espírito do concílio, e partindo deles e em conformidade com eles, seria necessário progredir. Precisamente porque os textos refletiriam apenas de modo imperfeito o verdadeiro espírito do concílio e a sua novidade, seria preciso ir corajosamente para além dos textos, deixando espaço à novidade em que se expressaria a intenção mais profunda, embora ainda indistinta, do concílio.

> Em síntese: seria necessário seguir não os textos do concílio, mas o seu espírito. Desse modo, obviamente, permanece uma vasta margem para a pergunta sobre o modo como, então, se define esse espírito e, por conseguinte, se concede espaço a toda a inconstância.

> Assim, porém, confunde-se na origem a natureza de um concílio como tal. Desse modo, ele é considerado como uma espécie de Constituinte, que elimina uma constituição velha e cria outra nova. Mas a Constituinte tem necessidade de um mandante e, depois, de uma

confirmação por parte do mandante, ou seja, do povo ao qual a constituição deve servir. Os Padres não tinham tal mandato e ninguém lhos tinha dado; ninguém, afinal, podia dá-lo porque a constituição essencial da Igreja vem do Senhor e nos foi dada para que pudéssemos chegar à vida eterna e, partindo dessa perspectiva, conseguimos iluminar também a vida no tempo e o próprio tempo.[62]

A alocução de dezembro de 2005 revelou não apenas a distinção clara entre as visões que o papa tinha da letra e do espírito do Vaticano II, mas também a sua percepção pessoal do tempo entre o concílio e 1968: "Quarenta anos depois do concílio podemos realçar que o positivo é muito maior e mais vivo do que podia parecer na agitação por volta do ano de 1968". Mais importante, no discurso o papa também desafiou uma das principais aquisições da historiografia sobre o Vaticano II, ou seja, que os documentos finais do Vaticano II são os "resultados de compromissos".[63]

Finalmente, o ponto de Bento XVI com referência à hermenêutica de ruptura e de recusa da ideia que o Vaticano II tem de si mesmo como "constituição"[64] revelou não apenas as suas visões teológicas, mas também a sua consciência aguda dos últimos capítulos do atual debate

---

[62] Bento XVI, Alocução de Natal (22 dez. 2005).

[63] Ibid. Sobre os critérios hermenêuticos para a *História do Vaticano II*, ver ALBERIGO, Giuseppe. Critères herméneutiques pour une histoire de Vatican II. In: *À la Veille du Concile Vatican II. Vota et réactions en Europe et dans le catholicisme oriental.* Louvain, Peeters, 1992, p. 12-23; agora em ALBERIGO, Giuseppe. *Transizione epocale.* Studi sul Concilio Vaticano II. Bologna, Il Mulino, 2009, p. 29-45.

[64] Para as características constitucionais do Vaticano II, ver HÜNERMANN, Peter. *Der Text: Werden – Gestalt – Bedeutung.* Eine Hermeneutische Reflexion. In: HILBERATH, Hans Jochen; HÜNERMANN, Peter (ed.). *Herders Theologischer Kommentar zum Zweiten Vatikanischen Konzil,* 5 vols. Freiburg, Herder, 2004-2005, vol. 5, p. 5-101, esp. p. 11-17 e 85-87.

histórico e teológico acerca do Vaticano II e seu desejo de declarar o vencedor do debate. Por outro lado, como Joseph Komonchak observou com agudeza, o público da mensagem de Bento XVI sobre o Vaticano II é também o mundo diverso de integrismo e tradicionalismo católico: "A alocução do Papa Bento sobre a interpretação do Vaticano II poderia ser lida, então, como um esforço para persuadir os tradicionalistas de que a distinção é legitimamente feita entre o nível de doutrina ou princípios e o nível de aplicação concreta e resposta a situações".[65]

Pesquisa atual

Na última década, entre o fim do trabalho historiográfico da *História do Vaticano* em cinco volumes e o quinquagésimo aniversário de abertura do concílio, a pesquisa produziu um importante trabalho para uma compreensão melhor do que aconteceu no Vaticano II e como recebê-lo na Igreja. Depois de décadas de estudos sobre o concílio, sua história e sua teologia, e depois da descoberta de enormes arquivos de fontes no mundo inteiro, ninguém mais duvida de que "algo aconteceu" no Vaticano II, mas *o que* aconteceu não é tão óbvio. As narrativas divergem, mas a importância do concílio para a real situação do catolicismo contemporâneo tornou-se uma hipótese bipartidária. Nos últimos anos, uma série de diferentes volumes e artigos acentuou a importância da memória do Vaticano II

---

[65] KOMONCHAK, Joseph A. Novelty in Continuity. Pope Benedict's Interpretation of Vatican II. *America* (2 fev. 2009), p. 10-16. Ver também KOMONCHAK, Joseph A. Benedict XVI and the Interpretation of Vatican II. *Cristianesimo nella Storia*, n. 28/2 (2007), p. 323-37. BOEVE, Lieven. "La vraie réception de Vatican II n'a pas encore commence". J. Ratzinger, Révélation et autorité de Vatican II. *Ephemerides Theologicae Lovanienses*, n. 85/4 (2009), p. 305-39.

para o futuro da Igreja e a obra inacabada na recepção do concílio.[66]

Com respeito ao desenvolvimento de um conjunto de princípios hermenêuticos, Ormond Rush deu uma contribuição importante. Ele propõe duas séries de tríades fundamentais para a apreciação da "história dos efeitos" do Vaticano II. A primeira tríade é tomada da hermenêutica filosófica e é formada por "compreensão, interpretação e aplicação". A segunda tríade diz respeito aos acontecimentos de comunicação e é formada por "(1) o falante ou escritor ou autor original, (2) o que é falado ou escrito ou comunicado, e (3) o destinatário [o público]". Assim Rush propõe uma "hermenêutica da recepção" formada por

> o acontecimento e os autores originais, os próprios documentos e as pessoas que, depois do acontecimento e da promulgação dos documentos, procuram entender, interpretar e aplicá-los a partir do contexto de culturas diversas e contextos diversos no decurso da história depois do acontecimento... [Assim, há] (1) uma hermenêutica do autor, (2) uma hermenêutica do texto e (3) uma hermenêutica do receptor.[67]

O papel de receptor no processo de recepção teológica do Vaticano II foi recentemente destacado por Gilles

---

[66] Ver AUTIERO, Antonio (ed.). *Herausforderung Aggiornamento*: zur Rezeption Vaticanischen Konzils. Altenberge, Oros, 2000. IVEREIGH, Austin (ed.). *Unfinished Journey*: The Church 40 Years after Vatican II, Essays for John Wilkins. New York, Continuum, 2003. WASSILOWSKY, Gunther (ed.). *Zweites Vaticanum – vergessene Anstösse, gegenwärtige Fortscheibungen*. Freiburg, Herder, 2004. HIEROLD, Alfred E. (ed.). *Zweites Vatikanisches Konzil – Ende oder Anfang?*Münster, LIT, 2004. MELLONI, Alberto; THEOBALD, Christoph (ed.). *Vatican II*: A forgotten Future? *Concilium*, n. 4 (2005). SCHULTENOVER, David G. (ed.). *Vatican II: Did Anything Happen?* New York, Continuum, 2007.

[67] RUSH, Ormond. *Still Interpreting Vatican II*: Some Hermeneutical Principles. New York/Mahwah, NJ, Paulist Press, 2004, p. x-xi.

Routhier, que liga a individuação dos "grupos-sujeitos da recepção do concílio" com a hipótese do Vaticano II como um "momento inicial" para as reformas da governança da Igreja católica na época do Vaticano II.[68] Autor e diretor de uma série de estudos sobre a recepção local do concílio, Routhier acentuou o conceito do Vaticano II como um concílio de reforma e a importância de uma nova fase de "conciliaridade regional e continental" para a recepção do concílio. Acentuou também a natureza do Vaticano II como um concílio que abre uma transição para uma nova era e a necessidade de a Igreja pós-Vaticano II desenvolver uma eclesiologia prática que leve em conta a dimensão colegial e sinodal expressa nos documentos do Vaticano II: "Provavelmente não precisamos hoje de um [Concílio Vaticano III], mas precisamos permitir que cada nível da Igreja católica e as culturas em que vive dê nova vida à vida sinodal e dê novos meios de expressão à conciliaridade da Igreja".[69]

Ladislas Orsy, professor de Direito Canônico na Universidade Georgetown, desenvolveu uma abordagem semelhante da interpretação do Vaticano II, acentuando a ligação entre a necessidade de uma tradução institucional da *communio* na Igreja e de uma recepção do Vaticano II como "um concílio seminal... um novo curso para a Igreja, um curso que agora causa turbulências, mas que, com o passar dos séculos, se tornará uma torrente suave".[70] Para Orsy, a tradução institucional ou canônica do novo curso do Vaticano II deve afetar o papel das conferências

---

[68] ROUTHIER, Gilles. *Vatican II*. Herméneutique e réception. Montreal, Fides, 2006, p. 211. Cf. ROUTHIER, G. *La reception d'un concile*. Paris, Cerf, 1993.

[69] Ibid., p. 421.

[70] ORSY, Ladislas. *Receiving the Council*: Theological and Canonical Insights and Debates. Collegeville, MN, Liturgical Press, 2009, p. 4.

episcopais, do laicato e do Direito Canônico na vida da Igreja, com base na necessidade de reformar "as estruturas externas e normas para exprimir, promover e sustentar o laço interno de *communio*".[71]

Olhando também para o Vaticano II como um concílio de reforma, Peter Hünermann, um teólogo dogmático de Tübingen, destacou o caráter de *corpus* dos textos conciliares como uma "constituição" para a Igreja católica:

> Se buscarmos uma analogia do mesmo tipo de uma primeira abordagem do esboço do texto do Vaticano II, tendo em vista caracterizar as decisões do concílio, o que resulta é certa semelhança com textos constitucionais assim como estão redigidos por assembleias constituintes. Essa semelhança está expressa de maneira particular nos textos do Concílio Vaticano II e aparece numa forma altamente indireta e condensada, em comparação com o Concílio de Trento ou do Vaticano I.[72]

Ao acentuar as diferenças na tipologia do Vaticano II com referência ao Concílio de Trento e Vaticano I, Hünermann empregou uma comparação com a Regra de São Bento para esboçar uma compreensão correta dos documentos finais do Vaticano II. A identificação que Hünermann faz do Vaticano II como uma "constituição" certamente não significou colocar os textos do concílio acima do Evangelho: "A legitimação do concílio e sua autoridade é essencialmente diferente da de uma assembleia constituinte de um estado moderno... Por isso, o texto conciliar possui uma autoridade essencialmente diferente daquela do texto constitucional".[73] Hünermann afirmou precisamente

---

[71] Ibid., p. 5.

[72] HÜNERMANN, Peter. *Der Text: Werden – Gestalt – Bedeutung* [cf. nota 64], p. 12.

[73] Ibid., p. 15-16.

– na conclusão cuidadosamente formulada de seu ensaio
– uma proposta a considerar os textos do Vaticano II como
um "texto constitucional para a fé":

> O *corpus* de textos desse concílio tem semelhança
> com os textos de uma constituição. Ao mesmo tempo, há
> diferenças profundas entre os dois, a começar pela auto-
> ridade e especificidade do material dos textos concilia-
> res. Por isso, o texto do Vaticano II pode ser definido com
> prudência como um "texto constitucional de fé". Se essa
> ideia preliminar do texto do Vaticano II for válida, então
> se segue toda uma série de problemas e questões, críticas
> e também maneiras de interpretar o Vaticano II formula-
> das sem apoio, visto que não estão conforme com gênero
> literário do texto.[74]

Ao contrário, Christoph Theobald, um jesuíta franco-
-alemão e professor de teologia no Centre Sèvres em Paris,
propusera uma abordagem diferente centrada no valor hermenêutico específico das quatro constituições do Vaticano II,
especialmente *Dei Verbum*, numa importante obra em dois
volumes sobre a recepção do Vaticano II.[75] Theobald inicia
o primeiro volume dizendo que, apesar da obra historiográfica feita sobre o Vaticano II, o choque de interpretações joga muito "na verdadeira identidade do concílio" e
que, no começo do século XXI, o simples ato de se referir
ao Vaticano II já é um ato de recepção. A hipótese é que a
constituição *Dei Verbum* deve ser redescoberta, depois de
ter sido posta de lado pela teologia pós-conciliar, e deve

---

[74] Ibid., p. 17.

[75] THEOBALD, Christoph. *La réception du concile Vatican II* [vol. 1]: Accéder à la source. Paris, Cerf, 2009. [vol. 2]: L'Église dans l'histoire et la société. Paris, Cerf. Ver também de THEOBALD, *"Dans les traces..." de la constitution "Dei Verbum" du concile Vatican II.* Bible, théologie et pratiques de lecture. Paris, Cerf, 2009.

ser de novo apreciada junto com o elemento dos "sinais dos tempos" na *Gaudium et spes* e com a ideia de uma relação entre o concílio e a história em *Dignitatis humanae*, a Declaração sobre a Liberdade Religiosa. A estrutura em dois volumes é usada para explicar a sua leitura do Vaticano II através de uma dimensão dupla, vertical-horizontal do concílio: "o eixo vertical ou teológico da revelação e sua recepção pela fé e o eixo horizontal ou 'social' da comunicação entre Igreja e os componentes das sociedades humanas".[76] O primeiro volume é sobre o eixo vertical e se concentra na *Dei Verbum*, *Gaudium et spes* e na *Dignitatis humanae*. O segundo é sobre o eixo horizontal e o seu foco são *Sacrosanctum Concilium*, *Lumen gentium* e *Ad gentes*. Theobald reconhece o caráter "inacabado" da obra do Vaticano II e define a contribuição do Vaticano II numa hermenêutica de *recadrage* ("redefinição") – rejeitando assim a ideia de uma "simples referência a um desenvolvimento orgânico" para a compreensão do Vaticano II.[77]

Nesse sentido, um conjunto de princípios hermenêuticos propostos no começo da década de 1990 por Giuseppe Alberigo tornou-se, para a corrente principal dos estudiosos, uma regra comum à interpretação dos documentos do concílio.[78] Graças aos frutos dessa escola historiográfica, muito poucos – salvo aqueles que sonham com um desígnio restauracionista para a Igreja católica – questionam a necessidade de usar também a categoria de

---

[76] Theobald, *La réception...* vol. 1, p. 891.

[77] Ibid., p. 893 e 896. Sobre o equilíbrio hermenêutico entre as quatro constituições do Vaticano II na interpretação do concílio, ver BORDEYNE, Philippe; VILLEMIN, Laurent (ed.). *Le concile et la théologie*. Perspectives pour le XXIe siècle. Paris, Cerf, 2006.

[78] ALBERIGO, Giuseppe. Criteri ermeneutici per una storia del Vaticano II e Fedeltà e creatività nella ricezione del Concilio Vaticano II. Criteri ermeneutici. In: ALBERIGO, Giuseppe. *Transizione epocale*, p. 29-45 e 47-69.

"acontecimento" para entender plenamente o significado histórico e teológico do Vaticano II. A *História do Vaticano II* de Alberigo, em cinco volumes, tornou-se não apenas o padrão para uma história complexa e internacional do concílio ecumênico,[79] mas também um símbolo para a divisão entre as narrativas sobre Vaticano II. No começo do século XVII, a *História do Concílio de Trento* de Paolo Sarpi foi refutada pela história apologética de Trento feita pelo cardeal Pallavicino; agora a *História do Vaticano II* da escola de Bologna tornou-se alvo de polêmicas neoconservadoras em seu esforço de construir uma narrativa alternativa acerca do Vaticano II – mas sem o brilho e a consistência de Pallavicino.[80]

A esse respeito, o livro *O que aconteceu no Vaticano II* de John O'Malley recebeu e desenvolveu as intuições da escola de Bologna e iniciou o debate sobre uma questão importante, deveras pouco desenvolvida, concernente à linguagem do Vaticano II. De acordo com ele, o concílio merece e necessita ser lido em seu caráter e espírito intertextual. O'Malley também abordou a ausência evidente de estudos sérios sobre dois atores importantes – Paulo VI e a chamada minoria conciliar – na historiografia do Vaticano II, e identificou três "questões de fundo", ou seja, a possibilidade de mudança na Igreja católica, a relação entre centro e periferia e Vaticano II como um "acontecimento de linguagem". O seu julgamento sobre o resultado de todos esses debates é mais agudo do que outros que o precederam·

---

[79] Para uma apreciação historiográfica e eclesiológica da *História do Vaticano II* em cinco volumes, editada por Alberigo, ver THEOBALD, Christoph. *Vatican II sous le regard des historiens*. Paris, Médiasèvres, 2006.

[80] Um exemplo dessa tentativa revisionista é LAMB, Matthew L. e LEVERING, Matthew (ed.). *Vatican II:* Renewal within Tradition. New York, Oxford University Press, 2008.

No resultado final do concílio, a maioria deixou mais do que um conjunto de impressões digitais, o que significa que deixou a sua marca em três questões de fundo. Na questão centro-periférica, a maioria nunca perdeu realmente o controle. Sobre isso foi tão bem-sucedida que, com a ajuda de Paulo VI, o centro não só se manteve firme e inabalável, mas, como as décadas subsequentes ao concílio demonstraram de maneira irrefutável, emergiu ainda mais forte.[81]

---

[81] O'MALLEY, *What Happened at Vatican II*, p. 311. Ver também: O'MALLEY. Vatican II: Did Anything Happen? *Theological Studies*, n. 67 (2006), p. 3-33.

Capítulo 6

Macroquestões do debate sobre o Vaticano II

Quer a Igreja católica esteja se movendo "para uma narrativa estável do Vaticano II",[1] quer não, o concílio penetrou irreversivelmente no DNA do catolicismo moderno. A busca intelectual de uma linguagem comum entre as diferentes interpretações teológicas do Vaticano II reflete o problema pastoral e eclesial da possibilidade de existir uma interpretação compartilhada do concílio na vida da Igreja, cinquenta anos após o seu término. Portanto, no momento decisivo do quinquagésimo aniversário do início do Vaticano II, está sobre a mesa um conjunto de questões hermenêuticas centrais para o debate sobre o Vaticano II e a relação entre teologia, Igreja católica e o papel do concílio na vida da Igreja. Os problemas mais visíveis, à medida que emergem dessa curta história dos debates sobre o Vaticano II, incluem: (1) a compreensão do Vaticano II como o fim ou o começo da renovação, (2) a visão da dinâmica dos textos conciliares em sua posição com respeito ao desenvolvimento da teologia católica e (3) a questão da mudança e da historicidade na Igreja e na teologia.

---

[1] SCHLABACH, Gerald W. *Unlearning Protestantism*: Sustaining Christian Community in an Unstable Age. Grand Rapids, MI, Brazos Press, 2010, p. 120.

Vaticano II: o fim ou o começo da renovação?

Uma das principais rupturas na interpretação do Vaticano II é a que existe entre a visão do concílio como o fim e a conclusão de um processo de renovação baseada na letra do Vaticano II, e como o começo de uma renovação fundamentada na percepção do concílio como mais do que a coleção de seus documentos finais. Essa ruptura reflete a distinção entre dar ênfase à letra dos documentos conciliares e interpretar a letra dentro do espírito do Vaticano II, segundo a intenção dos atores do acontecimento e de seus receptores. Essa versão do Vaticano II como fim ou como começo revela as implicações práticas e eclesiais dessa hermenêutica, bem como a forte diferença entre as duas interpretações. Os partidários do Vaticano II como o começo da renovação podem facilmente demonstrar que a sua visão aumentativa reflete o que sempre aconteceu na história dos períodos pós-conciliares – incluindo, para o Vaticano II, algumas das principais decisões de Paulo VI (que abriu o caminho para a aprovação oficial dos "novos movimentos católicos") e os esforços inter-religiosos de João Paulo II (que expandiu a letra da declaração conciliar *Nostra aetate* através de um "magistério de atos", por exemplo, seus encontros em Assis em 1986 e em Damasco em 2001). Do outro lado, o partido que sustenta a visão "originalista" do concílio como fronteira intransponível para a renovação da Igreja vê limitações claras na dificuldade até de articular o conteúdo da letra do Vaticano II, como se fosse possível separá-la dos desenvolvimentos que ocorreram no magistério pós-conciliar.[2]

---

[2] Um exemplo dessa visão "originalista" é WHITEHEAD, Kenneth. Vatican II Then and Now: A Review Essay on John O'Malley, SJ's What Happened at Vatican II. *Nova et Vetera*, n. 8/2 (2010), p. 467-83.

Essa ruptura vê um argumento histórico – *a priori* – na brecha entre as expectativas e os resultados do Vaticano II: "Já antes de o concílio terminar, em 1965, havia uma discrepância entre o que os bispos esperavam ter realizado e o que acontecera".[3] Contudo, de um ponto de vista teológico – *a posteriori* – é verdade que o Vaticano II é "uma bússola" para o futuro da Igreja (como está escrito no testamento espiritual de João Paulo II) e é difícil negar ao Vaticano II o *status* de acontecimento paradigmático, que faz época.

A percepção do Vaticano II como um começo remonta à palestra de Karl Rahner em 1965, durante as últimas semanas da sessão final intitulada "O Concílio: começo de um começo".[4] Rahner desenvolveu a ideia no contexto de sua visão da história do cristianismo – não de acordo com a cronologia do papado, a relação entre Igreja e Estado, ou até a história dos concílios, mas de acordo com os "macroperíodos" na história do cristianismo. Desse modo, o Vaticano II se torna não apenas um farol para o futuro da Igreja, mas também um momento de transição:

> O segundo Concílio do Vaticano tem um significado duradouro?... A resposta à nossa pergunta básica pode ser dada no indicativo, mas, no final das contas, é um imperativo, dirigido à Igreja de hoje e de amanhã. Tal imperativo implica prognósticos, expectativas, apreensões, que

---

[3] O'MALLEY, John. *What Happened at Vatican II*. Cambridge, MA, Belknap Press, 2008, p. 312.

[4] A palestra de 1965 lembrava um ensaio anterior de Karl Rahner sobre a recepção de um concílio ecumênico: Chalkedon, Ende oder Anfang? In: GRILLMEIER, Alois; BACHT, Heinrich (ed.). *Das Konzil von Chalkedon. Geschichte und Gegenwart*. Würzburg, Echter-Verlag, 1954. Ver também RAHNER, Karl. *Das Konzil – ein neuer Beginn. Vortrag beim Festakt zum Abschluss des II. Vatikanischen Konzils im Herkulessaal der Residenz in München am 12. Dez. 1965*. Freiburg, Herder, 1966.

atualmente podem apenas ser um pouco conjecturados. Por trás da pergunta básica está a convicção de que este concílio trouxe para o futuro da Igreja novas tarefas e novos desafios para os quais ainda se devem esperar reações.[5]

Rahner também afirmou que "o concílio tornou possível e legítimo um novo começo".[6]

A visão que Rahner tem do Vaticano II é original e representativa da hermenêutica que vê o concílio não como o fim, mas como o começo de uma virada de renovação para o catolicismo, um acontecimento sem precedentes, semelhante apenas ao Concílio de Jerusalém no capítulo 15 dos Atos dos Apóstolos. Nesta interpretação, a mudança possibilitada pelo Vaticano II assume o papel que tanto Roma como Atenas desempenhavam na história do cristianismo – tanto na história da sua linguagem teológica (o *logos* grego e a *lex* romana) como na história de seu desenvolvimento institucional entre o imperador Constantino e o século XIX (a Igreja imperial e a Igreja como uma *societas iuridice perfecta*, uma "comunidade perfeita").[7]

A ideia de Rahner de macroperíodos na história do cristianismo foi recentemente reformulada por Christoph

---

[5] RAHNER, Karl. The Abiding Significance of the Second Vatican Council. In: RAHNER, Karl. *Concern for the Church* (Theological Investigations XX). Trad. Edward Quinn, New York, Crossroad, 1981, p. 90-102, citação da p. 90-91.

[6] Ibid., p. 96. Ver também RAHNER, Karl. Towards a Fundamental Theological Interpretation of Vatican II. *Theological Studies*, n. 40/4 (dez. 1979), p. 716-27; reeditado com o título "Basic Theological Interpretation of the Second Vatican Council" em RAHNER, *Concern for the Church*, p. 77-89.

[7] Raimon Panikkar adotou essa interpretação em sua visão da evolução de cristandade a cristianismo, para o "ser cristão". Ele escreveu: "Foi isso que me levou a pedir não um Vaticano III, mas um Segundo Concílio de Jerusalém". PANIKKAR, Raimon. *The Jordan, The Tiber, and the Ganges*: Three Kairological Moments of Christic Self-Consciousness. In: HICK, John; KNITTER, Paul F. (ed.). *The Myth of Christian Uniqueness*: Toward a Pluralistic Theology of Religions. Maryknoll, NY, Orbis, 1987, p. 89-116, citação da p. 89.

Theobald em sua monumental obra hermenêutica sobre o concílio. Theobald escreveu: "O Vaticano II tornou disponível, fora do círculo dos historiadores e teólogos, o profundo trabalho de memória e revisão da tradição teológica, e introduziu esse trabalho num processo coletivo sobre a 'conversão ecumênica' das mentalidades – um processo contínuo em cada nível dentro da Igreja católica, das igrejas e comunidades eclesiais".[8]

Nesse sentido, ver o Vaticano II como um momento do começo de renovação coloca o concílio plenamente na história dos concílios ecumênicos (exatamente como Trento foi apenas o começo da era tridentina), mas ao mesmo tempo o coloca no âmbito de sua unicidade. O cardeal Karl Lehmann explicou efetivamente a particularidade do Vaticano II na história dos concílios:

> Estamos acostumados a pensar sobre o processo de recepção de um concílio desde o ponto de partida de uma dada quantidade de textos clara e mensurável. Com isso seria muito mais fácil seguir, estabelecer e categorizar o processo da recepção em "modelos". Mas com o Vaticano II é diferente. Não apenas temos uma quantidade sem precedentes de texto e uma ampla gama de afirmações, mas também certa quantia de movimento e tensão provinda do Vaticano II.[9]

No modo de ver do cardeal Lehmann, o elemento do espírito do Vaticano II não vem de uma interpretação liberal ou aberta da mudança, mas de uma dinâmica

---

[8] THEOBALD, Christoph. *La réception du concile Vatican II*. I. Accéder à la source. Paris, Cerf, 2009, p. 670.

[9] LEHMANN, Karl. *Das II. Vatikanum – Ein Wegweiser. Verständnis – Rezeption – Bedeutung*. In: HÜNERMANN, Peter (ed.). *Das Zweite Vatikanische Konzil und die Zeichen der Zeit heute*. Freiburg i.B, Herder, 2006, p. 11-26, citação da p. 12.

teológica: "Certamente, no acontecimento do concílio há o sopro do Espírito de Deus. Não há dúvida de que nem toda 'novidade' pode ser atribuída diretamente ao Espírito. Mas algumas mudanças fundamentais têm algo a ver com a dinâmica de renovação do Espírito".[10]

Aceitar a ideia do Vaticano II como o começo implica muitas vezes aceitá-lo como um acontecimento do Espírito, cujo impulso não abandonou a Igreja depois do fim do concílio. Inversamente, ver no Vaticano II o fim da renovação supõe uma visão penumatológica diferente e uma afirmação claramente negativa não apenas do que aconteceu *depois* do concílio, mas também de muita coisa que aconteceu *durante* ele. Nesse sentido, o presente choque de narrativas não pode ser resolvido apenas através do estudo da história do Vaticano II e de seus documentos, mas também através de um genuíno discernimento dos elementos de uma pneumatologia de recepção: "o *sensus fidelium*, o trabalho dos teólogos e a supervisão do magistério, nesta ordem".[11]

Reconhecer a própria ideia da recepção do concílio significa reconhecer o Vaticano II como o começo do processo de recepção; subestimar a dignidade teológica da recepção iguala identificar a letra dos documentos do Vaticano II com a conclusão do processo, ou seja, com seus documentos finais – e vice-versa. A recepção é uma realidade teológica intimamente ligada com a experiência histórica da vida da Igreja, não apenas dos concílios, e não apenas do Vaticano II.[12] O Vaticano II é diferente porque

---

[10]   Ibid., p. 18.

[11]   RUSH, Ormond. *Still Interpreting Vatican II*: Some Hermeneutical Principles. New York/Mahwah, NJ, Paulist Press, 2004, p. 71.

[12]   ROUTHIER, Gilles. *La réception d'un concile*. Paris, Cerf, 1993.

é o primeiro concílio de uma Igreja católica "mundial". Ladislas Orsy o definiu recentemente como "um concílio seminal, provavelmente mais do que qualquer outro na história".[13] Essa perspectiva não implica uma revolução permanente na Igreja, mas supõe a impossibilidade teológica (mais do que prática) de voltar ao período pré-Vaticano II. Vê também o futuro da Igreja como a agenda inacabada do concílio e assim pede uma implementação dinâmica do Vaticano II. Walter Kasper definiu a perspectiva futura do concílio ao elencar as quatro questões teológicas que ele abriu – mas não fechou: a Igreja como *mysterium*; a volta às fontes, a Palavra de Deus e a liturgia; a implementação da comunhão e da colegialidade na Igreja; e ecumenismo, missão e inculturação.[14] Ao olhar para essa agenda, é certamente verdade que os últimos cinquenta anos de debate acerca do concílio esgotaram os debatedores, mas não o Vaticano II, cujas riquezas excedem amplamente as fronteiras partidárias entre liberais e conservadores.[15]

A dinâmica do debate pós-conciliar, com a sua tendência a estabelecer fronteiras entre as diferentes hermenêuticas junto com as rupturas político-ideológicas, mostra que a macroquestão do concílio como o fim ou o começo da renovação é, principalmente, eclesiológica. A maioria dos teólogos percebe a redescoberta que o Vaticano II faz da

---

[13] ORSY, Ladislas. *Receiving the Council: Theological and Canonical Insights and Debates*. Collegeville, MN, Liturgical Press, 2009, p. 4.

[14] KASPER, Walter. "Wieder die Unglückspropheten": Die Vision des Konzils für die Erneuerung der Kirche. *Communio*, n. 19 (1990), p. 514-26; agora em KASPER, Walter. *Die Kirche Jesu Christi*. Schriften zur Ekklesiologie, I (Walter Kasper Gesammelte Schriften, 11). Freiburg, Herder, 2008, p. 238-53.

[15] MELLONI, Alberto. *Breve guida ai giudizi sul Vaticano II*. In: MELLONI, Alberto; RUGGIERI, Giuseppe (ed.). *Chi ha paura del Vaticano II?* Roma, Carocci, 2009, p. 107-45.

dimensão eclesiológica do *ressourcement* (além de e não em vez do primado papal desenvolvido pela era tridentina e cristalizado pelo Vaticano I) como o primeiro passo dessa renovação. De maneira interessante, isso torna menos provável o pedido de um Concílio Vaticano III, e não mais provável, como Gilles Routhier observou:

> Provavelmente, na agenda não está, hoje, a convocação de um [Concílio Vaticano III], mas a criação das condições, em cada nível da Igreja católica nos seus diferentes ambientes culturais, para dar nova vida à dimensão sinodal da Igreja e ficar aberta a novos meios de expressar a conciliaridade da Igreja.[16]

Nessa perspectiva, a relação entre Vaticano I e Vaticano II pede mais claramente uma interpretação do concílio que esteja aberta para o futuro, que veja a obra do Vaticano II como "um canteiro de obras", nas palavras de Hermann Pottmeyer:

> Assim como o Vaticano I, o Vaticano II foi incapaz de completar a sua obra. O trabalho do Vaticano II ficou num canteiro de obras. Junto com o velho edifício dos séculos XIX e XX, a centralização vaticana ergueu quatro poderosas colunas de arrimo de uma igreja renovada e de uma eclesiologia renovada: a igreja como povo de Deus, a igreja como sacramento do Reino de Deus no mundo, o colégio dos bispos e o ecumenismo. Enquanto o edifício erguido pela centralização aguarda demolição, como a velha Basílica de São Pedro nos seus dias, as quatro colunas de apoio de uma igreja renovada e de

---

[16] ROUTHIER, Gilles. *Vatican II. Herméneutique et réception*. Montreal, Fides, 2006, p. 421. Sobre isso ver também LEGRAND, Hervé-Marie. Les évêques, les Églises locales et l'Église entière. Évolutions institutionelles depuis Vatican II et chantiers actuels de recherche. *Revue de Sciences philosophiques et théologiques*, n. 85 (2001), p. 461-509.

uma eclesiologia renovada esperam ser coroadas pela cúpula que as reduz à unidade.[17]

Ver no Vaticano II o fim do processo é o mesmo que ver o caráter "pastoral" do concílio, sendo *pastoral* usado para depreciá-lo, em contraposição aos concílios ecumênicos "dogmáticos". Além disso, recusar-se a ver no Vaticano II o começo da renovação é uma afirmação não apenas infiel à sua intenção e à história do Vaticano II; mostra também escassa confiança na habilidade de a Igreja tratar de mudança dos "sinais dos tempos" com base numa compreensão ajudada pelo Espírito.[18] Aqui o "ou... ou..." do Vaticano II, como o fim da renovação ou o começo da renovação, é outra maneira de descrever a oposição entre a concepção do catolicismo como fenômeno dominado por uma cultura (a greco-romana, europeia, ocidental etc.), ou como comunhão guiada pelo Espírito e capaz de transcender e iluminar toda cultura particular.

Dinâmica intertextual dos documentos conciliares

A maioria dos historiadores e teólogos do concílio chegou a um consenso geral que afirma que o Vaticano II é tanto um *corpus* de documentos como um evento, e que deve ser conhecido e entendido tanto em sua letra como em seu espírito. Mas a recente ênfase que a polêmica deu à relação entre *letra* e *espírito* implica a necessidade de pesquisa para dar um passo à frente desde a história do concílio para uma história da teologia pós-Vaticano II, ou seja, da recepção do Vaticano II na teologia pós conciliar. Contar com o Vaticano II e procurar entender a verdadeira

---

[17] POTTMEYER, Hermann J. *Towards a Papacy in Communion: Perspectives from Vatican Councils I & II.* New York, Crossroad, 1998, p. 110.

[18] RUSH, *Still Interpreting Vatican II*, p. 69-85.

dinâmica das interações entre os seus textos supõe a capacidade de dar um passo desde (1) comentários sobre os textos finais do concílio (a primeira onda de pesquisas entre o final da década de 1960 e começo dos anos 1980) para (2) a história da composição dos textos (pesquisas entre a década de 1980 e a década passada) e, finalmente, para (3) a história do uso dos textos na teologia pós-Vaticano II.[19]

Nesse sentido, o acento do período pós-conciliar inicial sobre as declarações eclesiológicas do Vaticano II (*Lumen gentium* e *Gaudium et spes*, especialmente) parece ter aberto espaço agora para um novo equilíbrio na abordagem do *corpus* do concílio. Entre o fim do Vaticano II e a década de 1970, a abordagem hermenêutica de Karl Rahner tinha o seu centro de gravidade no deslocamento eclesiológico da *societas perfecta* para uma visão menos jurídica e mais sacramental da Igreja. Em 1966, na introdução ao autorizado *Comentário aos documentos do Vaticano II*, Herbert Vorgrimler descreveu duas das mais influentes abordagens dos documentos do Vaticano II. A primeira abordagem seguiu-se ao discurso de Giovanni Montini (Paulo VI), em 5 de dezembro de 1962, então cardeal arcebispo de Milão, que sistematizou a questão eclesiológica mediante uma visão dupla: a natureza da Igreja e a atividade da Igreja (*ecclesia ad intra* e *ecclesia ad extra*). Karl Rahner propôs a segunda abordagem em três partes: "1. A compreensão fundamental da Igreja em si na constituição dogmática sobre a Igreja, *Lumen gentium*; 2. A vida interna da Igreja [os documentos *Sacrosanctum Concilium*, *Dei Verbum*, *Christus Dominus* e *Apostolicam*

---

[19] Sobre isso, cf. ROUTHIER, Gilles; JOBIN, Guy (ed.). *L'Autorité e les autorités. L'herméneutique théologique de Vatican II*. Paris, Cerf, 2010.

actuositatem]; 3. A missão exterior da Igreja (*Unitatis redintegratio, Nostra aetate, Ad gentes, Gaudium et spes* e *Dignitatis humanae*)".[20]

Nesse debate nos primeiros anos do período pós-Vaticano II, um teólogo específico, o "bolonhês" Giuseppe Dossetti, acentuou o papel da constituição sobre a revelação, *Dei Verbum*, e a constituição litúrgica, *Sacrosanctum Concilium*, como um "eixo hermenêutico do *corpus* do Vaticano II". Essa posição estava longe da interpretação dominante do concílio como "povo de Deus" e da sua ênfase na eclesiologia, mas era indicativo do debate em torno da questão na abordagem do Vaticano II durante as primeiras duas décadas.[21] Os primeiros vinte anos do debate pós-Vaticano II chegou ao fim em 1985, com o primeiro momento decisivo na história teológica do período pós-conciliar, quando o Sínodo extraordinário dos Bispos afirmou: "A interpretação teológica da doutrina conciliar deve considerar todos os documentos tanto em si mesmos como em sua íntima relação, de modo que o sentido integral das afirmações do concílio – muitas vezes complexo – possa ser entendido e expresso".[22] As conclusões do sínodo não encerraram o debate, mas, como acontece muitas vezes, reconheceram o trabalho que se realizava e abriram uma porta para o desenvolvimento: é um fato que, nos últimos

---

[20] VORGRIMLER, Herbert. Introdução a *Lexikon für Theologie und Kirche. Das Zweite Vatikanische Konzil: Konstitutionen, Dekerete, und Erklarungen. Lateinisch und Deutsch Kommentare.* (3 vols.) Freiburg, Herder, 1966-1968. (Trad. Inglesa por Lalit Adolphus, Kevin Smyth e Richard Strachan. *Commentary on the Documents of Vatican II.* London, Burns & Oates; New York, Herder & Herder, 1967-1969, vol. 1, p. viii.)

[21] RUGGIERI, Giuseppe. *Recezione e interpretazione del Vaticano II. Le ragioni di un dibatito.* In: MELLONI, Alberto; RUGGIERI, Giuseppe (ed.). *Chi ha paura del Vaticano II?* Roma, Carocci, 2009, p. 33-41.

[22] *The Final Report of the 1985 Extraordinary Synod.* Washington, DC, National Conference of Catholic Bishops, 1986, p. 22.

vinte e cinco anos, o debate teológico evoluiu para uma abordagem muito mais complexa da especificidade dos documentos finais. O debate teológico acerca do Vaticano II aceitou a ideia dos gêneros literários dos documentos e seu estilo como expressivo do estilo do concílio como um todo.[23] Ao mesmo tempo, ficou ainda mais claro do que antes, graças a estudos detalhados, agora disponíveis, sobre a história dos documentos mais importantes do concílio, que há necessidade de respeitar tanto a intratextualidade como a intertextualidade desses textos, junto com uma necessidade relacionada de evitar separar letra e espírito.[24] De modo que o debate sobre a dinâmica dos textos conciliares em seu uso na teologia católica tem agora duas abordagens diferentes, mas *não* incompatíveis, dessa questão.

De um lado estão os partidários de um "eixo teologal" na interpretação do *corpus* do Vaticano II. Na interpretação de Christoph Theobald, a arquitetura eclesiológica do Vaticano II foi edificada em torno de duas dimensões da Igreja, a horizontal e a vertical (*ad intra* e *ad extra*). A dimensão horizontal da Igreja deve ser equilibrada com a dimensão vertical, dando prioridade à ideia de revelação expressa na constituição *Dei Verbum* (e na declaração sobre a liberdade religiosa *Dignitatis humanae*). Theobald explicou a sua abordagem do *corpus* do Vaticano II em seus comentários sobre a visão do próprio Vaticano II como "constituição" (assim como foi proposto por Peter Hünermann em 2005), e posteriormente em seu recente trabalho *A recepção do Vaticano II*, uma contribuição impressionante e abrangente para o debate sobre a hermenêutica conciliar. Theobald

---

[23] O'MALLEY, *What Happened at Vatican II*, p. 43-48.
[24] RUSH, *Still Interpreting Vatican II*, p. 35-51.

propôs uma hermenêutica dinâmica dos textos conciliares através de um cruzamento das dimensões horizontais (*Lumen gentium, Unitatis redintegratio, Nostra aetate, Gaudium et spes*) e vertical (*Dei Verbum, Dignitatis humanae, Lumen gentium, Sacrosanctum Concilium*) nos textos conciliares e uma profunda consideração da natureza histórica dos textos:[25]

> É possível definir a unidade do *corpus* do Vaticano II sem se referir ao papel normativo do Cânon das Escrituras? É possível definir essa unidade sem mostrar como o *corpus* do Vaticano II se posiciona em sua relação com as Escrituras em sua unicidade – explicitamente (em *Dei Verbum*) e implicitamente (no modo como as Escrituras são citadas) – e ao mesmo tempo em sua relação com a Tradição – explicita e implicitamente –, ou seja, para com instâncias extratextuais como o nome de Deus e de Jesus e a ação do Espírito Santo?[26]

Para Theobald, a Igreja é o ponto de encontro das dimensões horizontal e vertical dos textos do Vaticano II, e a unidade do Vaticano II é dada não por seu estilo ou seu gênero literário, mas por uma coerência sistemática em sua teologia em torno do esquema vertical-horizontal. Com respeito à dinâmica intertextual dos documentos do Vaticano II, Theobald recentemente falou de um novo papel de *Dei Verbum* como o texto mais bem equipado para

---

[25] Para a concepção das relações entre textos conciliares e Vaticano II como um todo, ver THEOBALD, Christoph. Introduction. In: *Vatican II*. L'integralité. Edition bilingue révisée. Paris, 2002, p. i-xxxiv; também *"Dans les traces..." de la constitution "Dei Verbum" du concile Vatican II.* Bible, théologie et pratiques de lecture. Paris, Cerf, 2009.

[26] THEOBALD, Christoph. Mise en perspective. In: Id. (ed.). *Vatican II sous le regard des historiens.* Paris, Médiasèvres, 2006, p. 3-23, citação da p. 12-13. Ver também THEOBALD. Enjeux herméneutiques des débats sur l'histoire du concile Vatican II. *Cristianesimo nella Storia*, n. 28/2 (2007), p. 359-80.

lidar com as questões profundas da reforma e historicidade na teologia e na Igreja:

> Dei Verbum é, realmente, o grande documento do Vaticano II, que não só articularia e unificaria teologicamente as diferentes questões da regulação (*dispositio*) – Escritura, tradição e magistério –, mas também tentou honrar as outras duas fases da consciência hermenêutica da Igreja, ou seja, o princípio da reforma (particularmente decisiva de um ponto de vista ecumênico) e da historicidade das culturas dos receptores do Evangelho.[27]

Theobald não está sozinho nessa abordagem focada no papel central da *Dei Verbum* para a teologia do Vaticano II. O jesuíta norte-americano Jared Wicks, por exemplo, acentuou recentemente o papel derivado, e não original, da eclesiologia do concílio para a compreensão do próprio concílio:

> Algumas edições colocam a *Lumen gentium* como a primeira das constituições do Vaticano II, mas a eclesiologia conciliar não estaria mais bem contextualizada se fosse colocada *depois* do texto conciliar que começa com "ouvindo religiosamente e proclamando com coragem a palavra de Deus..." e termina com "a Palavra de Deus... permanece eternamente", como faz *Dei Verbum*?[28]

O papel da *Dei Verbum* está diretamente ligado à questão da hermenêutica do Vaticano II como um todo; uma abordagem hermenêutica correta dos textos do Vaticano II requer tanto a ideia de *ressourcement* como a necessidade de respeitar a hierarquia de verdades em teologia – dois

---

[27] THEOBALD, Christoph. *La réception du concile Vatican II*, I. Accéder à la source, p. 769.

[28] WICKS, Jared. Vatican II on Revelation – From Behind the Scenes. *Theological Studies*, n. 71 (2010), p. 637-50, citação da p. 639. Para o papel central de *Dei Verbum*, segundo Wicks, ver também o seu livro *Doing Theology*. New York/Mahwah, NJ, Paulist Press, 2009.

princípios de uma teologia católica que voltou a se enraizar na Palavra de Deus mediante a *Dei Verbum*.[29] Nesse sentido, deve ser lembrada a hermenêutica de Ormond Rush dos documentos conciliares, que distingue entre a hermenêutica dos autores, dos textos e dos receptores. Rush deu uma visão nuançada do papel central da *Dei Verbum* no contexto dos outros documentos:

> De acordo com o princípio da hierarquia de verdades, *Dei Verbum* tem, certamente, prioridade sobre as outras, visto que a noção que se tem da Igreja (*Lumen gentium*), do seu culto (*Sacrosanctum Concilium*) e da sua relação com o mundo (*Gaudium et spes*) deve derivar de uma noção anterior de como se concebe a revelação de Deus e sua recepção-transmissão na história... *Dei Verbum*, portanto, embora promulgando ensinamento a respeito de uma doutrina "superior" segundo a hierarquia de verdades, deve ser interpretada (reinterpretada) à luz dos outros documentos.[30]

Uma segunda abordagem do *corpus* do Vaticano II como fonte para a teologia está mais focada no papel central dos documentos em sua formação histórica, em seu gênero literário e em seu estilo. Essa outra abordagem não vê na *Dei Verbum* o primeiro passo na hermenêutica do Vaticano II, dada a dimensão intertextual de cada questão teológica tratada pelo concílio, mas favorece uma abordagem multilateral e intertextual dos documentos do concílio

---

[29] Ver Exortação Apostólica *Verbum Domini* de Bento XVI (30/09/2010), esp. § 3, "Da *Dei Verbum* ao Sínodo sobre a Palavra de Deus", em < http://www.vatican.va/holy_father/benedict_xvi/apost_exhortations/documents/hf_ben-xvi_exh_20100930_verbum-domini_po.pdf >.

[30] RUSH, *Still Interpreting Vatican II*, p. 42-43. Para a visão de Rush sobre a relação entre revelação e teologia em termos de *sensus ecclesiae* e *sensus fidelium*, ver o seu volume *The Eyes of Faith: The Sense of the Faithful & the Church's Reception of Revelation*, Washington, DC, Catholic University of America Press, 2009.

para a compreensão teológica de cada questão. Nessa perspectiva, John O'Malley acentuou nestes últimos anos – não apenas em *O que aconteceu no Vaticano II*, mas também graças ao seu estudo em *Quatro culturas do Ocidente*[31] – a necessidade de entender a especificidade do gênero e do estilo dos documentos do Vaticano II, a fim de compreender o seu valor teológico e superar a consolidação das posições conservadoras/reacionárias e progressistas/liberais. Para O'Malley, a hermenêutica do Vaticano II deve prestar mais atenção às novas áreas como a linguagem do concílio, bem como à história interdocumental e outras questões interdocumentais. O reconhecimento da especificidade dos textos mostra o estilo restrito do Vaticano II: o fato de que o Vaticano II foi um "acontecimento de linguagem" precisa ser levado a sério por seus intérpretes "ao construir uma hermenêutica para interpretar o concílio".[32] Para O'Malley, reconhecer o estilo do Vaticano II torna possível identificar o espírito do concílio como expressão de orientações fundamentais que atravessam os documentos conciliares, mesmo enquanto se baseiam firmemente neles – e também torna possível recuperar o espírito do concílio através de uma abordagem intertextual e intratextual.

Com abordagem semelhante, Gilles Routhier explicou o seu ponto de vista com referência à questão do estilo, afirmando que proclamar um documento do Vaticano II como sendo primário poderia levar a entender equivocadamente o sentido intertextual do concílio:

> A atenção renovada que vemos hoje para com a hermenêutica dos documentos do Vaticano II é, ao mesmo

---

[31] O'MALLEY, John. *Four Cultures of the West*. Cambridge, MA, Belknap Press, 2004.

[32] O'MALLEY, *What Happened at Vatican II*, p. 310.

tempo, promissora e perigosa. É promissora porque, agora que a experiência do Vaticano II se torna uma lembrança distante, temos o que o concílio nos deixou, ou seja, os textos. Mas esse remontar aos textos é perigoso se for uma desculpa para fazer dos documentos do Vaticano II um monte de declarações individuais, autônomas de seu contexto literário, independentes do ato de sua enunciação, desligadas de seu fundo, truncadas da tradição que as leva, e independentes de seu estilo, de modo que essas declarações individuais poderiam ser colocadas em oposição mútua.[33]

Peter Hünermann desenvolveu uma análise semelhante no seu longo ensaio audaciosamente argumentado que sublinha o aspecto de *corpus* dos textos conciliares como uma constituição para a Igreja católica: a dinâmica intertextual dos documentos não vê a preeminência de um documento ou questão particular precisamente porque o próprio concílio como um todo é um "texto" a ser interpretado:

A legitimação de um concílio e de sua autoridade é essencialmente diferente da legitimação de uma constituinte num estado moderno... Por isso, o texto conciliar possui uma autoridade essencialmente diferente da autoridade de um texto constitucional... [No entanto] o *corpus* de textos desse concílio lembra uma semelhança com os textos de uma constituição. Ao mesmo tempo, há diferenças profundas entre os dois, a começar com a autoridade e especificidade do material dos textos do concílio. Por essa razão, os textos do Vaticano II podem ser prudentemente definidos como um "texto constitucional de fé".[34]

---

[33] ROUTHIER, Gilles. Il Vaticano II come stile. *La Scuola Cattolica*, n. 136 (2008), p. 5-32, citação da p. 32.

[34] HÜNERMANN, Peter. *Der Text: Werden – Gestalt – Bedeutung*. Eine Hermeneutische Reflexion. In: HILBERATH, Hans Jochen; HÜNERMANN, Peter (ed.). *Herders Theologischer Kommentar zum Zweiten Vatikanischen Konzil*, 5 vols. Freiburg, Herder, 2004-2005, vol. 5, p. 5-101, esp. p. 11-17 e 85-87,

Esse caráter constitucional dos textos do Vaticano II pode ser visto em suas consequências hermenêuticas e eclesiais:

> A questão agora é como transmitir o conhecimento desse *corpus* de textos do Vaticano II ao povo de Deus, aos diferentes grupos e estados na Igreja. Não basta que apenas estudantes de teologia, futuros padres, seminaristas e ministros pastorais aprendam esses textos. Precisamos que em todos os níveis da vida da Igreja haja um diálogo permanente, uma discussão e uma reflexão contínua sobre esse *corpus*.[35]

As duas diferentes abordagens hermenêuticas – o eixo teológico em torno da *Dei Verbum* e a ênfase sobre o Vaticano II como *corpus* definido por seu estilo – têm muito em comum e não estão necessariamente opostas entre si, porque ambas pressupõem e supõem a historização do Vaticano II e a mudança hermenêutica produzida pelos estudos históricos sobre o concílio. O teólogo italiano Giuseppe Ruggieri pediu uma hermenêutica variada do Vaticano II, vendo no eixo teológico proposto por Theobald uma atitude que respeita a dimensão histórica dos documentos do Vaticano II. Há, de fato, um consenso entre os teólogos acerca de uma abordagem hermenêutica dos textos conciliares que leve em conta a história desses documentos e as suas formas e gênero literário, comparando e diferenciando assim entre a hermenêutica dos documentos conciliares e a hermenêutica dos textos afirmados pela *Dei Verbum* para a Bíblia:

---

citação da p. 15, 16 e 17. Ver também uma versão mais matizada da visão de Hünermann em: HÜNERMANN, Peter. Der Text. Eine Ergänzung zur Hermeneutik des II. Vatikanische Konzils. *Cristianesimo nella Storia*, n. 28/2 (2007), p. 339-58.

[35] HÜNERMANN, Der Text: Werden..., p. 85.

No debate que agora ocorre, ninguém pode questionar a necessidade de interpretar de maneira coerente e orgânica os diferentes documentos aprovados pelo concílio. Mas, uma vez enunciado o princípio da unidade do *corpus* do Vaticano II, vemos repetidamente as dificuldades concernentes ao cânon bíblico, com uma diferença fundamental, que é: o *corpus* do Vaticano II não goza de inspiração divina como a Bíblia.[36]

Mudança e historicidade na Igreja e na teologia

Os primeiros anos da Igreja após o Vaticano II foram marcados pela crise da autoridade papal com base no ensinamento sobre o controle de nascimentos contido na encíclica *Humanae vitae* de Paulo VI, de 1968. Sem ser exatamente uma preocupação para teólogos morais ou casais católicos, essa crise explicava uma das questões centrais do Vaticano II, ou seja, como tratar a mudança e a continuidade na Igreja católica: "A crise significou como a Igreja trata com o passado, neste caso, com os pronunciamentos papais passados".[37] De certo modo, a história do debate acerca da *Humanae vitae* explica por que esse marco do ensinamento papal de 1968 inaugurou a desilusão da era pós-Vaticano II e simbolizou o começo de uma fratura entre o magistério e uma teologia que deixara a metafísica como o seu centro de orientação e se tornava cada vez mais uma teologia da "história da salvação", onde a história humana se tornara também uma fonte real da atividade teológica.

O valor concedido por teólogos à história como *lócus theologicus*, ou seja, o papel da história e da mudança em

---

[36] RUGGIERI, Recezione e interpretazione del Vaticano II, p. 41-42.
[37] O'MALLEY, *What Happened at Vatican II*, p. 312.

teologia, é de longe o mais importante fator de divisão da teologia católica após o Vaticano II e acerca do Vaticano II.[38] De um lado, estão aqueles que veem na "hermenêutica de continuidade" (mais tarde, no discurso de Bento XVI de 2005, em palavras mais matizadas e rapidamente esquecidas, a "hermenêutica da reforma") a única opção hermenêutica possível com respeito ao Vaticano II, ou seja, a necessidade de interpretar o Vaticano II em continuidade com a tradição anterior, especialmente Trento e Vaticano I. Do outro lado, estão aqueles que veem no catolicismo um período *antes* do Vaticano II e um período *depois* do Vaticano II, e que há uma clara "descontinuidade" e mudança entre esses dois períodos, representando o Vaticano II o ponto decisivo para essa descontinuidade e mudança, que é, na visão deles, claramente para melhor.

Joseph Komonchak está correto em sua avaliação de que "a interpretação tradicionalista do Vaticano II faz uso de uma distinção semelhante entre catolicismo pré-conciliar e pós-conciliar, mas inverte a sua apreciação".[39] Contudo, é verdade também que a interpretação tradicionalista do Vaticano II exemplifica a versão extrema do mesmo desconforto da mentalidade "tradicional moderada" (enquanto oposta à tradicionalista extrema) acerca da nova consciência da teologia católica. Parecem ignorar que essa presumida "fuga da eternidade"[40] não é uma descoberta

---

[38] QUISINSKY, Michael. *Geschichtlicher Glaube in einer geschichtlichen Welt*: Der Beitrag von M.-D. Cheny, Y. Congar und H.-M. Féret zum II. Vaticanum. Münster, LIT, 2007.

[39] KOMONCHAK, Joseph A. *Intepreting the Council*: Catholic Attitudes Toward Vatican II. In: WEAVER, Mary Jo; APPLEBY, R. Scott (ed.). *Being Right*: Conservative Catholics in America. Bloomington, Indiana University Press, 1995, p. 17-36, citação da p. 19.

[40] Cf. HITCHCOCK, James. *Catholicism and Modernity*: Confrontation or Capitulation? Ann Arbor, MI, Servant Books, 1979, p. 1-14.

do Vaticano II e menos ainda um produto dos estudos históricos e teológicos que ocorreram (e *não* ocorreram) no Vaticano II.

No debate contemporâneo acerca do concílio ficou claro que a questão da mudança não está relacionada principalmente com a relação hermenêutica entre Vaticano I e Vaticano II, mas com a relação entre Trento e Vaticano II. A esse respeito, é notável ver como essa interpretação cronológica particular da "continuidade" é, como tenta estabelecer, uma continuidade firme, mas claramente seletiva nos últimos cinco séculos da história da Igreja. Essa interpretação "continuísta" não aceita a ideia de que qualquer descontinuidade histórica ocorra entre a era constantiniana e a Igreja imperial no primeiro milênio e o Concílio de Trento e a era tridentina no segundo milênio, e entre Trento e o século XX. Essa interpretação da relação entre historicidade na Igreja e na teologia, por um lado, e a questão da continuidade/reforma/descontinuidade, por outro lado, esquece muitas vezes um fato básico acerca da quantia óbvia de descontinuidade na história dos concílios. Para dar um exemplo claro à mentalidade tradicionalista, é sabido que Trento significou uma importante mudança da "falta de clareza" da tradição teológica anterior.[41] É também sabido que o sucesso do Concílio de Trento em criar o que agora chamamos de era tridentina foi o resultado da descontinuidade entre a letra dos decretos do concílio e a aplicação desses decretos, ou seja, o "espírito" do concílio, na Igreja pós-tridentina.[42] Por outro lado, Komonchak sus-

---

[41] Cf. JEDIN, Hubert. *A History of the Council of Trent* (trad. Ernest Graf, 4 vols.). London, T. Nelson, 1957-1961.

[42] Por exemplo, houve uma lacuna entre os procedimentos estabelecidos em Trento para a nomeação dos bispos e os verdadeiros procedimentos como foram interpretados pelos papas depois de Trento e pela Cúria Romana na

tenta que há tanto continuidade como descontinuidade no Vaticano II em relação a Trento: "Não há nenhum ponto em que o Vaticano II parta de qualquer ensinamento dogmático do Concílio de Trento, mas, no Vaticano II, Trento e sua problemática deixaram de servir como pedra de toque suprema da fé. A tradição não foi mais lida à luz de Trento; Trento foi lido à luz da tradição".[43]

Agora fica claro que o apelo ao espírito do Vaticano II nem sempre deu origem a aplicações extravagantes na vida da Igreja pós-conciliar, como se pode ver pelo caso dos "novos movimentos católicos".[44] À luz da história da Igreja, fica claro que a suposta oposição entre a *letra* dos textos de um concílio ecumênico e o seu *espírito* não pode ser resolvida facilmente com uma contraposição dos dois momentos hermenêuticos em favor do puro espírito, nem afirmando o papel auxiliar do espírito *versus* a letra. Em 1966, Joseph Ratzinger exprimia uma apreciação comum do Vaticano II, quando escreveu a respeito do concílio: "Foi indubitavelmente uma ruptura, mas uma ruptura com uma intenção fundamentalmente comum".[45] Nesse

---

era tridentina. Cf. FAGGIOLI, Massimo. La disciplina di nomina dei vescovi prima e dopo Il concilio di Trento. *Società e Storia*, n. 92 (2001), p. 221-56; e FAGGIOLI, Massimo. Problemi relativi alle nomine episcopali dal concilio di Trento al pontificato di Urbano VIII. *Cristianesimo nella Storia*, n. 21/3 (2000), p. 531-64. Para uma perspectiva mais geral, ver O'MALLEY, John W. *Trent and All That*: Renaming Catholicism in the Early Modern Era. Cambridge, MA, Harvard University Press, 2002.

[43] KOMONCHAK, Joseph A. *The Council of Trent at the Second Vatican Council*. In: BULMAN, Raymond F.; PARRELLA, Frederick J. (ed.). *From Trent to Vatican II*: Historical and Theological Perspectives. New York, Oxford University Press, 2006, p. 61-80, citação da p. 76.

[44] Cf. FAGGIOLI, Massimo. *Vatican Council II between Documents and Spirit*: The Case of the New Catholic Movements. In: University of Southern California, *Proceedings of the Vatican II Symposium*. Los Angeles, 27-28 fev. 2009 (editado por James Heft).

[45] RATZINGER, Joseph. *Weltoffene Kirche?* In: Id., *Das neu Volk Gottes*. Entwürfe zur Ekkesiologie. Düsseldorf, Patmos Verlag, 1969, p. 300.

sentido, devemos reconsiderar, mais do que vinte e cinco anos mais tarde, o que o cardeal Ratzinger disse em 1985 acerca da situação do debate sobre o concílio: "Creio que o verdadeiro tempo do Vaticano II ainda não chegou, que a sua recepção autêntica ainda não começou: os seus documentos foram rapidamente soterrados sob uma pilha de publicações superficiais ou francamente inexatas. A leitura da *letra* dos documentos nos habilitará a descobrir o seu verdadeiro *espírito*".[46]

Agora está claro que, nos estudos sobre o Vaticano II, estamos muito além do estágio das "publicações superficiais ou francamente inexatas", se dermos alguma credibilidade ao amplo consenso histórico e teológico acerca da obra historiográfica feita sobre o concílio nas últimas duas décadas. A questão é se os defensores da continuidade estão prontos a aceitar – como já fizeram explícita ou implicitamente para o Concílio de Trento ou para o Vaticano I – o fato histórico da descontinuidade e da mudança entre o período pré-conciliar e o próprio concílio, e a inevitável lacuna entre as intenções da letra dos textos do concílio e as "consequências não intencionais" (nas palavras de John O'Malley) do período pós-conciliar.[47]

É verdade que, no período pós-conciliar do Vaticano II, a teologia católica às vezes se permitiu um "paraconcílio" e esqueceu o verdadeiro. Isto é verdadeiro para os dois lados. De um lado, a exaltação impaciente da descontinuidade e da renovação foi equilibrada, no outro lado, pela autoilusão da possibilidade de uma perfeita linearidade

---

[46] RATZINGER, Joseph, com Vittorio Messori. *The Ratzinger Report*: An Exclusive Interview on the State of the Church (trad. por Salvator Attanasio e Graham Harrison). San Francisco, Ignatius, 1985, p. 40.

[47] Cf. O'MALLEY, *What Happened at Vatican II*, p. 292.

entre teologia pré-Vaticano II, pelos textos da fase preparatória do Vaticano II e pelos textos finais. É tempo de reconhecer de novo que o caráter do Vaticano II como acontecimento é um aspecto fundamental da história desse concílio, como foi para cada concílio, mas o contexto hermenêutico (a maneira como a mentalidade moderna aborda um texto) mudou.[48] Para o Vaticano II, o aspecto de "acontecimento" tem sido mais dramático e a mudança mais visível, graças à dimensão global do concílio, o primeiro do catolicismo pós-europeu.[49] Mas o Vaticano II é também parte da história dos concílios: negar a medida de mudança dentro do Vaticano II é negar o caráter do Vaticano II como acontecimento e dos concílios ecumênicos anteriores. O papel importante dos acontecimentos na história da Igreja é um fator, um elemento de continuidade, e faz verdadeiramente parte do gênio do catolicismo. Supor uma continuidade perfeita entre o Vaticano II e a tradição anterior colocaria o Vaticano II na categoria das exceções da história dos concílios da Igreja.[50]

O debate acerca da relação entre a letra e o espírito, entre a continuidade e a descontinuidade, não promete muito porque essa questão não é típica do Vaticano II.

---

[48] Cf. HÜNERMANN, Peter. *Il Concilio Vaticano II come evento*. In: MELLONI, Alberto; FATTORI, Maria Teresa (ed.). *L'evento e le decisioni*. Studi sulle dinamiche del Concilio Vaticano II. Bologna, Il Mulino, 1997, p. 63-92.

[49] No Vaticano II, os padres conciliares vieram de 116 países: 33% da Europa Ocidental, 23% da América Latina, 12% da América do Norte, 9% da África Subsaariana, 7% da Europa Oriental, 4% do mundo árabe e 12% da Ásia e Austrália juntas. Esse caráter internacional do Vaticano II não teve precedente, e não apenas no número, mas também nos participantes não ocidentais.

[50] Cf. SCHATZ, Klaus. *Allgemeine Konzilien – Brennpukte der Kirchengeschichte*. Paderborn, Ferdinand Schöningh, 1999. BELLITTO, Christopher M. *The General Councils*: A History of the Twenty-One Church Councils from Nicaea to Vatican II. New York/Mahwah, NJ, Paulist Press, 2003. KELLY, Joseph F. *The Ecumenical Councils of the Catholic Church*: A History. Collegeville, MN, Liturgical Press, 2009.

Típica do Vaticano II é a dimensão da relação entre a Igreja e o mundo moderno, a aceitação da história em seu valor epistemológico para a teologia católica e o fato de que o Vaticano II não é um paradigma em si (como é, por exemplo, na visão de Hans Küng do Vaticano II como "paradigma teológico ecumênico pós-moderno"),[51] mas um "exemplo paradigmático" da complexa relação entre continuidade e descontinuidade.[52]

Uma correta abordagem hermenêutica da questão da continuidade/descontinuidade pede uma recepção não originalista do Vaticano II. Giuseppe Alberigo reconheceu a lacuna entre as expectativas do Vaticano II e suas conclusões: "Parece que o Vaticano II, mesmo sobrecarregado por decretos de inspiração pré-conciliar, no todo foi além das expectativas e causou uma 'reviravolta' mais profunda e mais orgânica do que os pedidos expressos na véspera do concílio tiveram a previsão e a coragem de desejar".[53] De acordo com Alberigo, e com muitos outros intérpretes do concílio, essa lacuna é típica do Vaticano II, que chegou cedo demais para a globalização da Igreja, em comparação com Trento, que chegou tarde demais na reação a Martinho Lutero e aos reformadores. Essa distância entre

---

[51] Cf. KÜNG, Hans, mapa. Paradigm Shifts in Christianity. In: *Christianity: Essence, History, and Future*. New York, Continuum, 1995, sem página. Original alemão: *Das Christentum:* Wesen und Geschichte. Munich, Piper, 1994. Ver também: KÜNG, Hans; TRACY, David (ed.). *Paradigm Change in Theology*: A Symposium for the Future. New York, Crossroad, 1989; original alemão *Theologie – wohin?* e *Das neue Paradigma von Theologie*. Zürich, Benziger, 1984.

[52] Cf. BOEVE, Lieven. *Une histoire de changement et conflit des paradigmes théologiques?* Vatican II et sa réception entre continuité et discontinuite. Palestra apresentada na conferência "La théologie catholique entre intransigeance et renouveau". Université Laval, Quebec City, 27-29 out. 2010.

[53] ALBERIGO, Giuseppe. *Transition to a New Age*. In: KOMONCHAK, Joseph A. (ed.) *History of Vatican II*, vol. 5, The Council and the Transition. Maryknoll, NY, Orbis, 2005, p. 611.

as expectativas e os resultados do concílio parece, nesse tipo de interpretação, ter sido absorvida pela dinâmica do Vaticano II e as energias que ele desencadeou para a transição a uma nova era do catolicismo.

Nessa nova visão, a relação entre o Vaticano II e a história do catolicismo não é apenas aquela que identifica um momento de virada do concílio, mas também que oferece uma visão mais dramática, mais centrada no acontecimento e aberta para capacidade autocuradora da Igreja de absorver brechas e lacunas e, enfim, para mudar.[54]

---

[54] Sobre a questão hermenêutica de continuidade/descontinuidade em Bento XVI, cf. BOEVE, Lieven. La vraie réception de Vatican II n'a pas enconre commencé. Joseph Ratzinger, révélation et autorité de Vatican II. *Ephemerides Theologicae Lovanienses*, n. 85/4 (2009), p. 305-39.

Epílogo

Para não especialistas, um livro sobre a história do debate acerca do Vaticano II poderia parecer uma espécie de metanarrativa destinada a estreitar ainda mais o campo. Mas a finalidade deste livro é mostrar que o Vaticano II foi um evento paradigmático da nova era na história da Igreja católica: não apenas para o que aconteceu *no* Vaticano II, mas também para o que aconteceu *depois do* Vaticano II. Após o capítulo introdutório, cada capítulo representou um passo na história do debate acerca do Vaticano II. O leitor julgará quanto progredimos do capítulo 2 até o capítulo 6.

O que acontecerá *ao* Vaticano II no futuro? O concílio enfrentará uma revogação silenciosa da sua obra? Isto não está fora do interesse deste autor, mas vai além do alcance deste livro.

Especialmente na década de 1980, os intérpretes do concílio aplicaram ao Vaticano II a ideia de mudança de paradigma, a definição dada durante os anos do concílio por Thomas S. Kuhn em *A estrutura das revoluções científicas*.[1] Para entender a comparação entre a história da ciência e a história da teologia, porém, uma das leis mais importantes foi referida muito menos: um avanço científico importante é quase sempre superestimado no curto prazo por suas consequências, e subestimado no longo prazo.

---

[1] KUHN, Thomas S. *The Structure of Scientific Revolutions*. Chicago, University of Chicago Press, 1962.

Cinquenta anos depois do acontecimento do Vaticano II, estamos diante de um momento decisivo de passagem entre o curto e o longo prazo: o choque de narrativas acerca do Vaticano II se depara aqui com a lei perene da recepção dos concílios da Igreja. Giuseppe Alberigo, lembrando o perturbador memorando enviado entre 1600 e 1612 por Roberto Belarmino ao Papa Clemente VIII sobre o progresso das reformas decididas pelo Concílio de Trento (entre 1545 e 1563), calculava que levaria pelo menos cinquenta anos para o começo da recepção de Trento.[2]

A "lei das consequências involuntárias" de John O'Malley explica essa passagem de um período pós-conciliar imediato para a visão do Vaticano II pelo catolicismo mundial no longo prazo. A subestimativa comum do Vaticano II em muitos círculos não é diferente da subestimativa das consequências da descoberta das vacinas contra varíola e pólio. O que perturba, especialmente nos últimos anos, é que as gerações mais novas de católicos receberam o crédito de especialistas teológicos com uma visão separada e até cética no Vaticano II, que simboliza polarização, guerras culturais e divisão na Igreja – algo de que essas novas gerações supostamente sentem necessidade de manter distância, como se o terreno comum que buscam só pudesse ser um terreno tão distante quanto possível do Vaticano II. Minha experiência em lecionar sobre Vaticano II não poderia ser mais diferente do que essa percepção errônea. Sejam liberais ou conservadores, os católicos e os estudantes católicos de qualquer orientação teológica e espiritual sabem bem que desejar e aspirar reviver o período anterior ao Vaticano II é um sonho alimentado apenas

---

[2] ALBERIGO, Giuseppe, *La chiesa nella storia*. Brescia, Paideia, 1988, p. 218-39.

por pessoas que não vivem o dia a dia verdadeiro nem a realidade da Igreja. Ecumenismo, liberdade religiosa e a rejeição do antissemitismo não podem ser reduzidos a questões partidárias. O mundo depois de 11 de setembro revelou o valor profético de documentos como *Nostra aetate*, cuja necessidade teológica cresceu muito além dos estreitos limites desse curto texto. Diminuir o Vaticano II é diminuir essas conquistas também, e menosprezar essas conquistas significa menosprezar a própria teologia do Vaticano II, que provocou não apenas a abertura da Igreja *ad extra*, mas também a reflexão da Igreja *ad intra*.

A eleição do papa Bento XVI em 2005 e a reabertura do debate acerca do Vaticano II são dois "sinais dos tempos" para a Igreja do começo do século XXI, que representa para a Igreja simultaneamente um tempo de progresso e de regresso. Para os católicos, o concílio não é um destaque em sua autoidentificação das maneiras de ser católico, mas uma referência real e condição dada de existência, especialmente para o catolicismo fora dos limites geopolíticos e culturais do hemisfério norte-atlântico. A declaração de Richard John Neuhaus de 1987 sobre o Vaticano II – "a competição sobre as interpretações do Vaticano II constitui uma frente de batalha crítica nas contínuas guerras culturais de nossa sociedade"[3] – deve também ser lida ao contrário: a capacidade substancial e inegável da Igreja católica de permanecer unida no hemisfério ocidental e no resto do mundo apesar dessas guerras (culturais e outras), deve-se muito ao Vaticano II e suas interpretações. Por trás da própria identidade da Igreja e sua relação com o mundo

---

[3]   NEUHAUS, Richard John. The Councils Called Vatican II. In: Id. *The Catholic Moment:* The Paradox of the Church in the Postmodern World. San Francisco, Harper and Row, 1987, p. 61.

moderno, há uma interpretação específica (e às vezes inconsciente ou indireta) do Vaticano II. Por isso uma história do debate acerca do Vaticano II é o passo importante seguinte após o término da *História do Vaticano II*. Nas primeiras décadas do período pós-Vaticano II, o debate sobre o concílio viveu grandes momentos de discussão e disputa.[4] A década de 1970 viu o começo da solidificação de diferentes posições ao longo da brecha na interpretação do Vaticano II dentro da teologia católica. Os anos setenta também viram o nascimento de um grupo cismático (os lefebvrianos), cuja existência encontrou motivação apenas em sua rejeição do Vaticano II e em novas orientações particulares da Igreja *ad extra*. O Código de Direito Canônico de 1983 e os resultados finais do Sínodo Extraordinário de Bispos de 1985 conduziu a hermenêutica do Vaticano II para uma interpretação mais cautelosa da relação entre *letra* e *espírito* do concílio e inaugurou a complexa recepção do Vaticano II por João Paulo II. O discurso de Bento XVI de 22 de dezembro de 2005, poucos meses após ter sido eleito sucessor de João Paulo II, veiculou uma mensagem clara acerca da mudança muito antecipada na política doutrinal do ex-cardeal prefeito da Congregação para a Doutrina da Fé sobre o Vaticano II. Esse discurso celebrou a passagem da tomada de posição

---

[4]   Acerca da quase clássica divisão das primeiras décadas após o Vaticano II em três períodos diferentes, ver POTTMEYER, Hermann Josef. *A New Phase in the Reception of Vatican II*: Twenty Years of Interpretation of Vatican II. In: ALBERIGO, Giuseppe; JOSSUA, Jean-Pierre; KOMONCHAK, Joseph A. (ed.) *The Reception of Vatican II*. Washington, DC, Catholic University of America Press, 1985, p. 27-43. KASPER, Walter. Die bleibende Herausforderung durch das II. Vatikanische Konzil. Zur Hermeneutik der Konzilsaussagen. In: Id. *Die Kirche Jesu Christi*. Schriften zur Ekklesiologie, I (Walter Kasper Gesammelte Schriften, 11). Freiburg, Herder, 2008, p. 200-211, esp. 200-201. LEHMANN, Karl. *Das II. Vatikanum – Ein Wegweiser*. Verständis – Rezeption – Bedeutung. In: HÜNERMANN, Peter (ed.). *Das Zweite Vataikanische Konzil und die Zeichen der Zeit heute*. Freiburg, Herder, 2006, p. 11-28, esp. 22-24.

de Josef Ratzinger sobre o Vaticano II do nível de teólogo individual, se não um poderoso cardeal, para o nível da interpretação oficial do romano pontífice sobre o concílio.

A eterna política e limitações institucionais do "ofício de Pedro" mostraram claramente a Bento XVI a dificuldade de abandonar a linguagem e a orientação do Vaticano II: não foi a primeira vez na história que consequências não intencionadas de um acontecimento histórico importante tiveram efeito fora dos limites da instituição. Por isso, foi criado um sistema externo para a interpretação do Vaticano II, que não é menos visível e tangível do que o equilíbrio hermenêutico conseguido pela Igreja como um todo – papas, bispos, clero, religiosos, teólogos, famílias, leigos e leigas, ministros pastorais e missionários. O debate sobre a interpretação sente, sem dúvida, a pressão que foi inicialmente provocada pelo próprio Vaticano II – desde a sua abertura com a *Gaudet Mater Ecclesia*, publicada em 11 de outubro de 1962, até a *Gaudium et spes* e a Constituição Pastoral sobre a Igreja no Mundo Moderno, promulgada em 7 de dezembro de 1965, no dia em que o concílio terminou.

Como exemplo dessa pressão, considere-se o "incidente" de janeiro de 2009, quando, um dia depois da decisão de Bento XVI de suspender a excomunhão dos bispos lefebvrianos da Fraternidade Sacerdotal de São Pio X, um desses bispos negou publicamente o Holocausto numa entrevista televisionada amplamente assistida. A reação global à entrevista revelou quão profundamente a cultura do Vaticano II penetrara no mundo moderno, que está agora pedindo que a Igreja seja fiel a esses ensinamentos *ad extra*.[5]

---

[5] Cf. FAGGIOLI, Massimo. Die Kulturelle und politische Relevanz des II. Vatikanischen Konzils als konsitutiver Faktor der Interpretation. In: HÜNERMANN, Peter. *Exkommunikation oder Kommunikation?* Der Weg der Kirche

A complexidade do debate tem também a ver com o fato de que a história da Igreja pós-Vaticano II se entrelaça com o crescimento em conhecimento e consciência da teologia católica acerca do Vaticano II. É um fato notável que, durante as primeiras décadas do debate acerca do Vaticano II, a pesquisa histórica e teológica sobre o concílio ecumênico adquiriu informação e desenvolveu abordagens da "coisa" – Vaticano II – que eram apenas imagináveis na década de 1970 ou 1980. Estudiosos de afiliações teológicas muito diferentes sabem agora muito mais sobre o Vaticano II, tanto em seu desenrolar no dia a dia como em sua dimensão geral e marcadora de época: como um acontecimento da história da Igreja, da história da teologia, da história das ideias e da história política e social. A Igreja católica agora conhece uma importante quantidade de informação sobre o Vaticano II, desde diferentes abordagens culturais e pontos de vista geográficos. A quantidade de informação sobre a mudança que aconteceu no Vaticano II é, provavelmente, mais do que a teologia católica esperava e, talvez, mais do que a Igreja como instituição estava pronta para manejar. Mas a comunhão da Igreja está muito mais bem equipada para manejar a redescoberta do seu passado do que, por exemplo, os intelectuais na folha de pagamento do partido comunista da União Soviética, que, quando se defrontavam com a manipulação permanente, ideológica da história recente eram zombados com este chiste popular da era soviética: "Sabemos exatamente qual será o futuro. Nosso problema é com o passado, ele está sempre mudando".

---

nach dem II. Vatikanum und die Pius-Brüder. Freiburg, Herder, 2009, p. 153-74. FAGGIOLI, Massimo. *Vatican II Comes of Age. The Tablet* (11 abr. 2009), p. 16-17.

No entanto, o "passado católico" não mudou por um animado debate histórico e teológico sobre o Vaticano II – um sinal reconfortante da vitalidade da Igreja num mundo onde o chamado neoateísmo tem orgulho em ver a fé e o debate como termos opostos. A historicização do Vaticano II, que começou no final da década de 1980, introduziu claramente uma mudança hermenêutica na teologia do Vaticano II. Por isso não é de surpreender que a abundância de informação acerca do Vaticano II não resolveu a questão da necessidade de uma interpretação coerente e compartilhada dos documentos do concílio. Podemos, às vezes, ter a impressão de que saber mais do Vaticano II complicou a questão de sua interpretação, mas escolher saber menos acerca do concílio não é uma opção viável. Nem sequer é mais possível.

Bibliografia

História do Vaticano II

ACERBI, Antonio. *Due ecclesiolgie*. Ecclesiologia giuridica e ecclesiologia di comunione nela *Lumen gentium*. Bologna, EDB, 1975.

ALBERIGO, Giuseppe. *Breve storia del concilio Vaticano II*. Bologna, Il Mulino, 2005. [Versão brasileira: *Breve história do Concílio Vaticano II*. Aparecida, SP, Santuário, 2005. Publicado originalmente como ALBERIGO, Giuseppe (ed.). *Storia del Concilio Vaticano II*. 5 vols. Il Mulino, 1995. Versão brasileira: *História do Concílio Vaticano II*. Petrópolis, Vozes, 1995.]

ALBERIGO, Giuseppe; MAGISTRETTI, Franca (ed.). *Constitutionis dogmaticae Lumen gentium Synopsis historica*. Bologna, Istituto per le scienze religiose, 1975.

ALBERIGO, Giuseppe; MELLONI, Alberto (ed.). *Verso il concilio Vaticano II (1960-1962)*. Passaggi e problemi della preparazione conciliare. Bologna, Il Mulino, 1993.

BELLITTO, Christopher M. *Renewing Christianity*: A History of Church Reform from Day One to Vatican II. New York/Mahwah, NJ, Paulist Press, 2001.

BEOZZO, José Oscar (ed.). *Cristianismo e Iglesias de América Latina en vísperas del Vaticano II*. San José, Costa Rica, Editorial DEI/CEHILA, 1992.

_____. *A Igreja do Brasil no Vaticano II, 1959-1965*. São Paulo, Paulinas; Rio de Janeiro, Educam, 2005.

BURIGANA, Riccardo. *La Bibbia nel concilio*. La redazione della costituzione *Dei Verbum* del Vaticano II. Bologna, Il Mulino, 1998.

_____. *Le deuxième concile du Vatican (1959-1965)*. Roma, École Française de Rome; Paris, Diffusion de Boccard, 1989.

CARMEL, McEnroy. *Guests in Their Own House*: The Women of Vatican II. New York, Crossroad, 1996.

DORÉ, Joseph; MELLONI, Alberto (ed.). *Volti di fine Concilio*. Studi di storia e teologia sulla conclusione del Vaticano II. Bologna, Il Mulino, 2001.

FAGGIOLI, Massimo. *Il vescovo e il concilio*. Modello episcopale e aggiornamento al Vaticano II. Bologna, Il Mulino, 2005.

FAGGIOLI, Massimo; TURBANTI, Giovanni (ed.). *Il concilio inedito*. Fonti del Vaticano II. Bologna, Il Mulino, 2001.

FATTORI, Maria Teresa; MELLONI, Alberto (ed.). *L'evento e le decisioni*. Studi sulle dinamiche del Concilio Vaticano II. Bologna, Il Mulino, 1997.

_____. *Experience, Organizations and Bodies at Vatican II*. Leuven, Bibliotheek van de Faculteit Godgeleerdheid, 1997.

GREILER, Alois. *Das Konzil und die Seminare*. Die Ausbildung der Priester in der Dynamik des Zweiten Vatikanums. Louvain-Paris-Dudley, Peeters, 2003.

INDELICATO, Antonino. *Difendere la dottrina o annunciare l'Evangelo*. Il dibattito nella Commissione centrale preparatoria del Vaticano II. Genova, Marietti, 1992.

KAUFMANN, Franz-Xaver; ZINGERLE, Arnold (ed.). *Vatikanum II und Modernisierung*. Historische, theologische und soziologische Perspektiven. Paderborn, Schöningh, 1996.

LAMBERIGTS, Mathijs; SOETENS, Claude; GROOTAERS, Jan (ed.). *Les commisions conciliaires à Vatican II*. Louvain, Peeters, 1996.

MELLONI, Alberto (ed.). *Vatican II in Moscow (1959-1962)*. Leuven, Bibliotheek van de Faculteit Godgeleerdheid, 1997.

O'MALLEY, John W. *What Happened at Vatican II*. Cambridge, MA, Belknap Press, 2008.

PHILIPPE, Levillain. *La mécanique politique de Vatican II*. La majorité et l'unanimité dans un Concile. Paris, Beauchesne, 1975.

SCATENA, Silvia. *La fatica della libertà*. L'elaborazione della dichiarazione *Dignitatis humanae* sulla libertà religiosa del Vaticano II. Bologna, Il Mulino, 2003.

TURBANTI, Giovanni. *Un concilio per il mondo moderno*. La redazione della costituzione pastorale *Gaudium et spes* del Vaticano II. Bologna, Il Mulino, 2000.

VELATI, Mauro. *Una difficile transizione*. Il cattolicesimo tra unionismo ed ecumenismo (1952-1964). Bologna, Il Mulino, 1996.

WITTSTADT, Klaus; VERSCHOOTEN, Wim (ed.). *Der Beitrag der deutschsprachigen und osteuropäischen Länder zum zweiten vatikanischen Konzil*. Louvain, Peeters, 1996.

WOLF, Hubert (ed.). *Die deutschsprachigen Länder und das II Vatikanum*. Paderborn, Schöningh, 2000.

Revistas, diários e memórias

CAMARA, Helder. *Vaticano: Correspondência conciliar. Circulares à Família de São Joaquim*. Editado por Luiz Carlos Marques. Recife, Instituto Dom Helder Camara; Editora Universitária UFPE, 2004. Traduzido para o francês como *Lettres conciliaires, 1962-1965*. Editado por José de Broucker, Paris, Cerf, 2006. Traduzido para o italiano como *Roma, due del mattino. Lettere dal Concilio Vaticano II*, editado por Sandra Biondo. Cinisello Balsamo, Milano, San Paolo, 2008.

_____. *Circulares interconciliares*. Recife, Companhia Editora de Pernambuco, 2008.

CHENU, Marie-Dominique. *Notes quotidiennes au Concile: Journal de Vatincan II 1962-1963*. Editado por Alberto Melloni, Paris, Cerf, 1995.

CONGAR, Yves. *Mon journal du concile*. Editado por Éric Mahieu. Paris, Cerf, 2002.

DÖPFNER, Julius. *Tagebücher, Briefe un Notizen zum Zweeiten Vatikanischen Konzil*. Editado por Guido Treffler. Regensburg, Schnell-Steiner, 2006.

HORTON, Douglas. *Vatican Diary*. 4 vols. Philadelphia, United Church Press, 1964-1966.

LERCARO, Giacomo. *Lettere dal Concilio: 1962-1965*. Editado por Giuseppe Battelli. Bologna, EDB, 1980.

LUBAC, Henri de. *Carnets du Concile*. Editado por Loïc Figoureux. Paris, Cerf, 2007.

PHILIPS, Gérard. *Carnets conciliaires de Mgr Gérard Philips, secrétaire adjoint de la Commission doctrinale*. Editado por Karim Schelkens e Leo Declerck. Louvain, Peeters, 2006.

RONCALI, Angelo Giuseppe (João XXIII). *Pater amabilis*. Agende del pontefice, 1958-1963. Editado por Mauro Velati. Bologna, Fondazione per le scienze religiose, 2007.

RENE, Rouquette. *La fin d'une chrétienté. Chroniques*. 2 vols. Paris, Cerf, 1968.

RYNNE, Xavier [Francis X. Murphy]. *Vatican Coucil II*. Maryknoll, NY, Orbis Books, 1999.

STACPOOLE, Alberic (ed.). *Vatican II by those who were there*. Minneapolis, MN, Winston Press, 1986.

TROMP, Sebastian. *Diarium Secretarii Commissionis Theologicae Concilii Vaticani II – Konzilstagebuch mit Erläuterungen und Akten aus der Arbeit der Theologischen Kommission*. Editado por Alexandra von Teuffenbah. Roma, Pontificia Università Gregoriana, 2006.

WILTGEN, Ralph. *The Rhine Flows into the Tiber*. New York, Hawthorn Books, 1967; Rockford, IL, Tan Books, 1985.

Comentárlos

BARAÚNA, Cuilherme (ed.). *La Chiesa del Vaticano II*. Studi e commenti intorno alla costituzione dommatica *Lumen gentium*. Florence, Vallecchi, 1965.

_____. *The Liturgy of Vatican II. A Symposium*. Tradução inglesa editada por Jovian Lang. 2 vols. Chicago, Franciscan Herald Press, 1966.

_____. *L'Église dans le monde de ce temps*. Études et commentaires autour de la constitution pastorale *Gaudium et spes* de Vatican II. Edição francesa dirigida por Henri Crouzel, Bruges, Desclée de Brouwer, 1967.

BEVANS, Stephen B.; GROS, Jeffrey. *Evangelization and Religious Freedom: Ad Gentes, Dignitatis humanae.* New York/Mahwah, NJ, Paulist Press, 2009.

CASSIDY, Edward. *Ecumenism and Interreligious Dialogue: Unitatis Redintegrato, Nostra Aetate.* New York/Mahwah, NJ, Paulist Press, 2005.

CONFROY, Maryanne. *Religious Life and Priesthood: Perfectae Caritatis, Optatam Totius, Presbyterorum Ordinis.* New York/Mahwah, NJ, Paulist Press, 2008.

CONGAR, Yves; PEUCHMAURD, Michel (ed.). *L'Église dans le monde de ce temps.* Paris, Cerf, 1967.

FERRONE, Rita. *Liturgy: Sacrosanctum Concilium.* New York/Mahwah, NJ, Paulist Press, 2007.

GAILLARDETZ, Richard. *The Church in the Making: Lumen gentium, Christus Dominus, Orientalium Ecclesiarum.* New York/Mahwah, NJ, Paulist Press, 2006.

HILBERATH, Hans Jochen; HÜNERMANN, Peter (ed.). *Herders Theologischer Kommentar zum Zweiten Vatikanischen Konzil.* 5 vols. Freiburg, Herder, 2004-2005.

LECKEY, Dolores R. *The Laity and Christian Education: Apostolicam Actuositatem, Gravissimum Educationis.* New York/Mahwah, NJ, Paulist Press, 2006.

PHILIPS, Gérard. *L'Église et son mystère au IIe Concile du Vatican.* Histoire, text et commentaire de la constitution *Lumen gentium.* Paris. Desclée, 1966-1968.

TANNER, Norman. *The Church and the World: Gaudium et spes, Inter Mirifica.* New York/Mahwah, NJ, Paulist Press, 2005.

VORGRIMLER, Herbert (ed.). *Commentary on the Documents of Vatican II.* Tradução de Lalit Adolphus, Kevin Smyth e Richard Strachan. Londres, Burns & Oates; New York, Herder &

Herder, 1967-1969. Originalmente publicado como *Lexikon Für Theologie und Kirche. Das Zweite Vatikanische Konzil: Konstitutionen, Dekrete, und Erklärungen.* Lateinisch und Deutsch Kommentare. 3 vols. Freiburg, Herder, 1966-1968.

WITHERUP, Ronald D. *Scripture: Dei Verbum.* New York/ Mahwah, NJ, Paulist Press, 2006.

Recepção do Vaticano II

ALBERIGO, Giuseppe; JOSSUA, Jean-Pierre; KOMONCHAK, Joseph A. (ed.). *The Reception of Vatican II.* Washington, DC, Catholic University of America Press, 1987.

AUTIERO, Antonio (ed.) *Herausforderung Aggiornamento: zur Rezeption Vaticanischen Konzils.* Altenberge, Oros, 2000.

BARTH, Karl. *Ad Limina Apostolorum: An Appraisal of Vatican II.* Traduzido por Keith R. Crim. Richmond, VA, John Knox Press, 1968.

BISCCHOF, Franz Xaver; LEIMGRUBER, Stephan (ed.). *Vierzig Jahre II. Vatikanum:* zur Wirkungsgeschichte der Konziltexte. Würzburg, Echter, 2004.

CORECCO, Eugenio. Aspects of the Reception of Vatican II in the Code of Canon Law. In: *The Reception of Vatican II*, editado por Giuseppe Alberigo, Jean-Pierre Jossua e Joseph A. Komonchak, p. 249-96. Washington, DC, Catholic University of America Press, 1987.

GREELEY, Andrew. *The Catholic Revolution*: New Wine, Old Wineskins, and the Second Vatican Council. Berkeley, University of California Press, 2004.

GREINACHER, Norbert; KÜNG, Hans (ed.). *Katholische Kirche, wohin?* Wider den Verrat am Konzil. Munich, Piper, 1986.

HIEROLD, Alfred E. (ed.). *Zweites Vatikanisches Konzil – Ende oder Anfang?* Münster, LIT, 2004.

IVEREIGH, Austin (ed.). *Unfinished Journey:* The Church 40 Years after Vatican II. New York-London, Continuum, 2003.

LATOURELLE, René (ed.). *Vatican II: Assessment and Perspective*. Twenty-five Years After (1962-1987). 3 vols. New York/Mahwah, NJ, Paulist Press, 1988-1989.

LEFEBVRE, Marcel. *I Accuse the Council!* Kansas City, MO, Angelus Press, 2007. Originalmente publicado como *J'accuse le Concile!* Paris, Éditions Saint-Gabriel, 1976.

LINDBECK, George. *The Future of Roman Catholic Theology*: Vatican II – Catalyst for Change. Philadelphia, Fortress, 1970.

MASSA, Mark S. *The American Catholic Revolution*: How the Sixties Changed the Church Forever. New York, Oxford University Press, 2010.

MELLONI, Alberto; THEOBALD, Christoph (ed.). *Vatican II*: An Forgotten Future? London, SCM Press, 2005.

MOORMAN, John. *Vatican II Observed*: An Anglican Impression of Vatican II. London, Catholic Book Club, 1967.

NOCETI, Serena. Un caso serio della recezione conciliare: donne e teologia. *Richerche Teologiche*, n. XIII/1 (2002), p. 211-24.

O'COLLINS, Gerald. *Living Vatican II*: The 21st Council for the 21st Century. New York/Mahwah, NJ, Paulist Press, 2006.

O'CONNELL, Timothy E. (ed.). *Vatican II and Its Documents*: An American Reappraisal. Wilmington, DE, Michael Glazier, 1986.

ORSY, Ladislas. *Receiving the Council*: Theological and Canonical Insights and Debates. Collegeville, MN, Liturgical Press, 2009.

PHAN, Peter. Reception of Vatican II in Asia: Historical and Theological Analysis. *Gregorianum*, n. 83 (2002): 269-85.

RAHNER, Karl. *The Church after the Council*. Ver esp. "The Council: A New Beginning". Tradução de Devis C. Herron e Rodelinde Albrecht. New York, Herder and Herder, 1966. Publicado originalmente como *Das Konzil: Ein neuer Beginn*. Freiburg, Herder, 1966.

RICHARD, Lucien; HARRINGTON, Daniel T.; O'MALLEY, John W. (ed.) *Vatican II, The Unfinished Agenda*: A Look to the Future. New York/Mahwah, NJ, Paulist Press, 1987.

ROUTHIER, Gilles. *Vatican II: Herméneutique et réception*. Montreal, Fides, 2006.

ROUTHIER, Gilles (ed.) *Réceptions de Vatican II*. Le concile au risque de l'histoire e des espaces humains. Louvain, Peeters, 2004.

ROUTHIER, Gilles; JOBIN, Guy (ed.). *L'autorité et les Autorités*. L'herméneutique théologique de Vatican II. Paris, Cerf, 2010.

SCHATZ, Werner (ed.). *Was bedeutet das Zweite Vatikanische Konzil für uns?* Basel, Reinhardt, 1966.

SCHULTENOVER, David G. (ed.). *Vatican II: Did Anything Happen?* New York-London, Continuum, 2007.

SULLIVAN, Maureen. *The Road to Vatican II*: Key Changes in Theology. New York/Mahwah, NJ, Paulist Press, 2007.

TRACY, David (ed.). *Toward Vatican III*: The Work That Needs to Be Done. Nijmegen, Netherlands, Concilium; New York, Seabury Press, 1978.

WASSILOWSKY, Günther (ed.). *Zweites Vaticanum – Vergessene Anstösse, gegenwärtige Fortschreibungen*. Freiburg, Herder, 2004.

Interpretações teológicas do Vaticano II

ALBERIGO, Giuseppe. *Transizione epocale*. Studi sul Concilio Vaticano II. Bologna, Il Mulino, 2009.

AMERIO, Romano. *Iota Unum*: A Study of Change in the Catholic Church in the XX Century. Traduzido da segunda edição italiana por John P. Parson. Kansas City, MO, Sarto House, 1996. Primeira edição italiana: Milano, R. Ricciardi, 1985; segunda edição, 1986; terceira edição, 1989. Edição francesa: Paris, Nouvelles éditions latines, 1987. Reeditado na Itália por duas diferentes editoras: Turim, Lindau, por Enrico Maria Radaelli, prefácio do cardeal Dario Castrillon Hoyos, 2009; Verona, Fede e Cultura, 2009 [existe uma tradução espanhola disponível na Internet].

BORDEYNE, Philippe; VILLEMIN, Laurent (eds.). *Vatican II et la théologie*: Perspectives pour le XXIe siècle. Paris, Cerf, 2006.

BULMAN, Raymond F.; PARRELLA, Frederick J. *From Trent to Vatican II*: Historical and Theological Perspectives. New York, Oxford University Press, 2006.

CHENU, Marie-Dominique. La fin de l'ère constantinienne. In: DUBOIS-DUMEE, Jean-Pierre et alii (ed.). *Un concile pour notre temps*. Paris, Cerf, 1961, p. 59-87.

CONGAR, Yves. *Le Concile Vatican II*. Peuple de Dieu et corps du Christ. Paris, Beauchesne, 1984.

DULLES, Avery. *Models of the Church*. New York, Image/Doubleday, 2002.

_____. Vatican II: The Myth and the Reality. *America* (24 fev. 2003), p. 7-11.

_____. Vatican II: Substantive Teaching. *America* (31 mar. 2003), p. 14-17.

FAGGIOLI, Massimo. Concilio Vaticano II: bollettino bibliografico (2000-2002). *Cristianesimo nella Storia* n. 24/2 (2003), p. 335-60.

_____. Concilio Vaticano II: bollettino bibliografico (2002-2005). *Cristianesimo nella Storia* n. 26/3 (2005), p. 743-67.

_____. Council Vatican II: Bibliographical Overview 2005-2007. *Cristianesimo nella Storia* n. 29/2 (2008), p. 567-610.

_____. Council Vatican II: Bibliographical Overview 2007-2010. *Cristianesimo nella Storia* n. 32/2 (2010), p. 755-91.

HÜNERMANN, Peter. *Der Text: Werden – Gestalt – Bedeutung*. Eine Hermeneutische Reflexion. In: HILBERATH, Hans Jochen; HÜNERMANN, Peter (ed.). *Herders Theologischer Kommentar zum Zweiten Vatikanischen Konzil*. Freiburg, Herder, 2004-2005, vol. 5, p. 5-101.

KASPER, Walter. *Theology and Church*. Ver esp.: The Church as Universal Sacrament of Salvation. New York, Crossroad, 1989.

_____. On the Church: A Friendly Reply to Cardinal Ratzinger. *America* n. 184 (23-30 abr. 2001), p. 8-14; originalmente publicado em *Stimmen der Zeit* n. 12 (dez. 2000), p. 795-804.

KOMONCHAK, Joseph A. Interpreting the Council. In: WEAVER, Mary Jo; APPLEBY, R. Scott (ed.). *Being Right: Conservative Catholics in America*. Bloomington, Indiana University Press, 1995, p. 17-36.

_____. Riflessioni storiografice sul Vaticano II come evento. In: FATTORI, Maria Teresa; MELLONI, Alberto (ed.). *L'evento e le decisioni. Studi sulle dinamiche del concilio Vaticano II.* Bologna, Il Mulino, 1997, p. 417-39.

_____. Augustine, Aquinas, or the Gospel *sine glossa*? In: *Unfinished Journey: The Church 40 Years after Vatican II. Essays for John Wilkins*, editado por Austin Ivereigh, p. 102-18. New York-London, Continuum, 2005.

_____. The Council of Trent at the Second Vatican Council. In: BULMAN, Raymond F.; PARRELLA, Frederick J. (ed.) *From Trent to Vatican II: Historical and Theological Perspectives.* New York, Oxford University Press, 2006, p. 61-80.

_____. Benedict XVII and the Interpretation of Vatican II. *Cristianesimo nella Storia* n. 28/2 (2007), p. 323-37.

_____. Novelty in Continuity. Pope Benedict's Interpretation of Vatican II. *America* (2 fev. 2009), p. 10-16.

LAMB, Matthew L.; LEVERING, Matthew (ed.). *Vatican II: Renewal within Tradition*. Oxford/New York, Oxford University Press, 2008.

LEGRAND, Hervé-Marie. Les évêques, les églises locales et l'église entière. Evolutions institutionelles depuis Vatican II et chantiers actuels de recherche. *Revue de Sciences philosophiques et théologiques*, n. 85 (2001), p. 461-509.

LEHMANN, Karl. Das II. Vatikanum – Ein Wegweiser: Verständis – Rezeption – Bedeutung. In: HÜNERMANN, Peter (ed.).

Das Zweite Vatikanische Konzil und die Zeichen der Zeit Heute. p. 11-26. Freiburg, Herder, 2006.

LUBAC, Henri de. *Entretien Autour de Vatican II*. Souvenirs et réflexions. Paris, Cerf, 1985.

MARCHETTO, Agostino. *Il Concilio ecumenico Vaticano II*. Contrapunto per la sua storia. Cidade do Vaticano, Libreria Editrice Vaticana, 2005. Traduzido por Kenneth D. Whitehead como *The Second Vatican Ecumenical Council*: A Counterpoint for the History of the Council. Scranton, PA. University of Scranton Press, 2010.

MELLONI, Alberto. Breve guida ai giudizi sul Vaticano II. In: MELLONI, Alberto; RUGGIERI, Giuseppe (ed.). *Chi ha paura del Vaticano II?* Roma, Carocci, 2009, p. 107-45.

O'MALLEY, John. *Tradition and Transition*: Historical Perspectives on Vatican II. Wilmington, DE, Michael Glazier, 1989.

_____. The Style of Vatican II. *America* (24 fev. 2003), p. 12-15.

_____. Vatican II: Official Norms. *America* (31 mar. 2003), p. 11-14.

_____. Vatican II: Did Anything Happen? *Theological Studies*, n. 67 (2006), p. 3-33.

ORMEROD, Neil. Vatican II – Continuity or Discontinuity? Toward an Ontology of Meaning. *Theological Studies*, n. 71 (2010), p. 609-36.

POTTMEYER, Hermann J. A New Phase in the Reception of Vatican II: Twenty Years of Interpretation of the Council. In: ALBERIGO, Giuseppe; JOSSUA, Jean-Pierre; KOMONCHAK, Joseph A. (ed.) *Reception of Vatican II*. Washington. DC, Catholic University of America Press, 1987, p. 27-43.

_____. *Towards a Papacy in Communion*: Perspectives from Vatican Councils I and II. Traduzido por Matthew J. O'Connell. New York, Crossroad, 1998.

RAHNER, Karl. *Theological Investigations*. Vol. VI: Concerning Vatican II. London-New York, Darton, Longman & Todd-Seabury Press, 1974.

RATZINGER, Joseph (Bento XVI). *Theological Highlights of Vatican II*. Traduzido por Henry Traub, sj, Gerard C. Thormann e Werner Barzel. New York, Paulist Press, 1966. Reimpresso com introdução de Thomas P. Rausch. New York/Mahwah, NJ, Paulist Press, 2009.

_____. *Dogma und Verkündigung*. Ver esp. o epílogo: Zehn Jahre nach Konzilsbeginn – wo stehen wir? Munich, Freiburg, Wewel, 1973.

_____. *Principles of Theology*: Building Stones for a Fundamental Theology. San Francisco, Ignatius Press, 1987.

_____. L'ecclesiologia della costituzione *Lumen Gentium*. In: FISICHELLA, Rino (ed.). *Il Concilio Vaticano II: recezione e attualità alla luce del giubileo*. Cinisello B., San Paolo, 2000, p. 66-81.

_____. Alocução de Natal à Cúria Romana, 22/12/2005. In: *Insegnamenti di Benedetto XVI*, vol. 1 (2005). Cidade do Vaticano, Libreria Editrice Vaticana, 2006, p. 1018-32. Tradução portuguesa disponível em: < http://www.vatican.va/holy_father/benedict_xvi/speeches/2005/december/documents/hf_ben_xvi_spe_20051222_roman-curia_po.html >.

RUGGIERI, Giuseppe. Ricezioni e interpretazioni del Vaticano II. Le ragioni di un dibattito. In: MELLONI, Alberto; RUGGIERI, Giuseppe (ed.). *Chi ha paura del Vaticano II?* Roma, Carocci, 2009, p. 17-44.

RUSH, Ormond. *Still Interpreting Vatican II*: Some Hermeneutical Principles. New York/Mahwah, NJ, Paulist Press, 2004.

SCHILLEBEECKX, Edward. *The Real Achievement of Vatican II*. Traduzido por H. J. J. Vaughan. New York, Herder and Herder, 1966.

SCHLOESSER, Stephen. Against Forgetting: Memory, History, Vatican II. *Theological Studies*, n. 67 (2006), p. 275-319.

THEOBALD, Christoph (ed.). *Vatican II sous le regard des historiens*. Paris, Centre Sèvres-Faculté jésuite de Paris, 2006.

_____. *La réception du concile Vatican II. I. Accéder à la source.* Paris, Cerf, 2009.

_____. *"Dans les traces..." de la constitution "Dei Verbum" du concile Vatican II.* Bible, théologie et pratiques de lecture. Paris, Cerf, 2009.

WICKS, Jared. *Doing Theology.* New York/Mahwah NJ, Paulist Press, 2009.

Impresso na gráfica da
Pia Sociedade Filhas de São Paulo
Via Raposo Tavares, km 19,145
05577-300 - São Paulo, SP - Brasil - 2013